体育人生
——祝胡燕生教授八十华诞暨从事体育工作五十五年

主编 李致新 陈凤贤 卢杰 马彦周

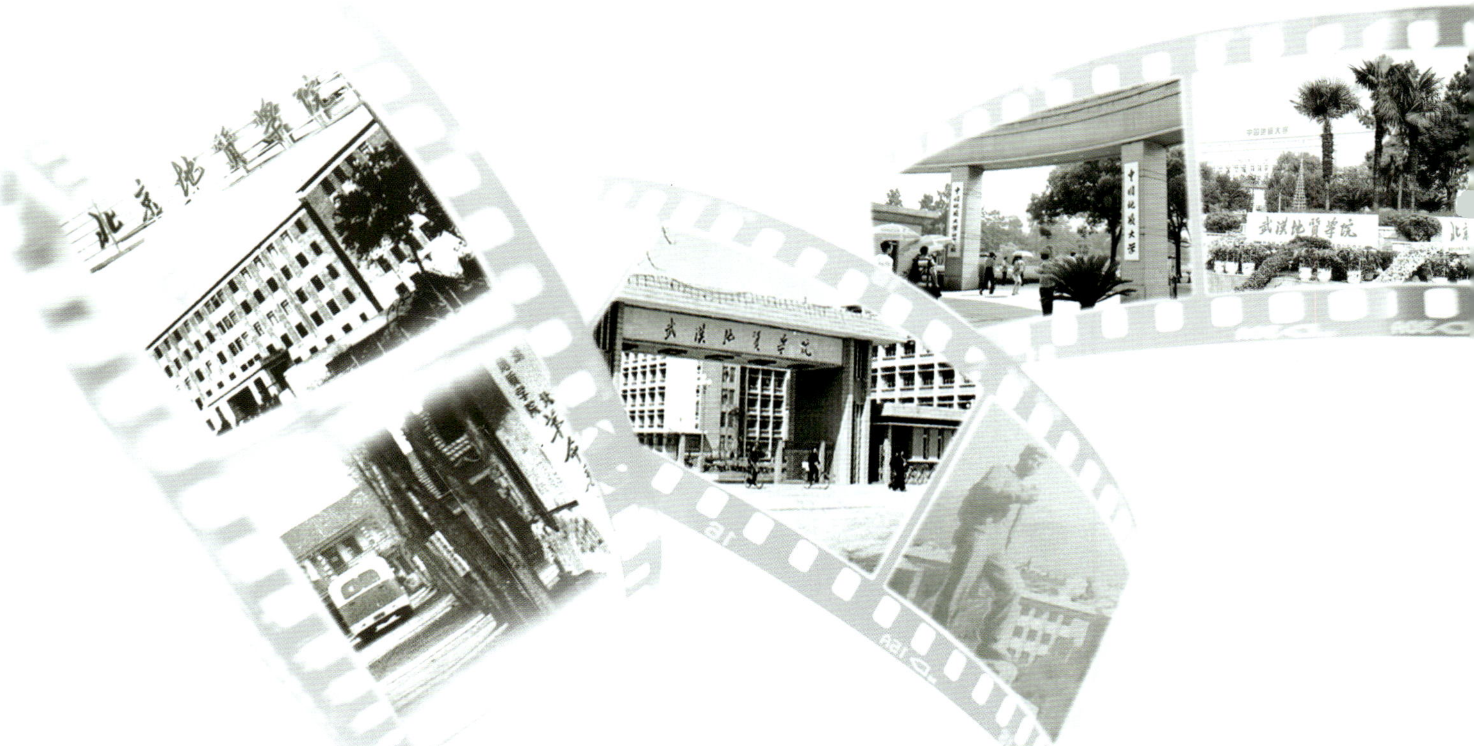

中国地质大学出版社

图书在版编目(CIP)数据

体育人生/李致新,陈凤贤,卢杰,马彦周主编.—武汉:中国地质大学出版社,2015.11

ISBN 978 - 7 - 5625 - 3745 - 8

Ⅰ.①体…
Ⅱ.①李…②陈…③卢…④马…
Ⅲ.①胡燕生 - 生平事迹 - 画册
Ⅳ.①K825.47-64

中国版本图书馆 CIP 数据核字(2015)第270976号

体育人生——祝胡燕生教授八十华诞暨从事体育工作五十五年	李致新　陈凤贤　卢　杰　马彦周 主编
责任编辑:胡珞兰　　　选题策划:毕克成	责任校对:代　莹
出版发行:中国地质大学出版社(武汉市洪山区鲁磨路388号)	邮政编码:430074
电话:(027)67883511　　传真:(027)67883580	E-mail:cbb@cug.edu.cn
经销:全国新华书店	http://www.cugp.cug.edu.cn
开本:880毫米×1230毫米　1/16	字数:483千字　印张:15.25
版次:2015年11月第1版	印次:2015年11月第1次印刷
印刷:武汉中远印务有限公司	印数:1—1 000册
ISBN 978 - 7 - 5625 - 3745 - 8	定价:60.00元

如有印装质量问题请与印刷厂联系调换

胡燕生

1992年在瑞典参加第二届世界大学生羽毛球锦标赛留影

编委会委员

关进平　王勇峰　余　晓　张志坚　毕晓东
高　芸　刘　汉　赵跃民　吴　丹　肖增光
贺　健　次　洛　姜　玲　姜　睿　姚秉忠

特邀编委

胡轩魁　王暄堂　朱新国

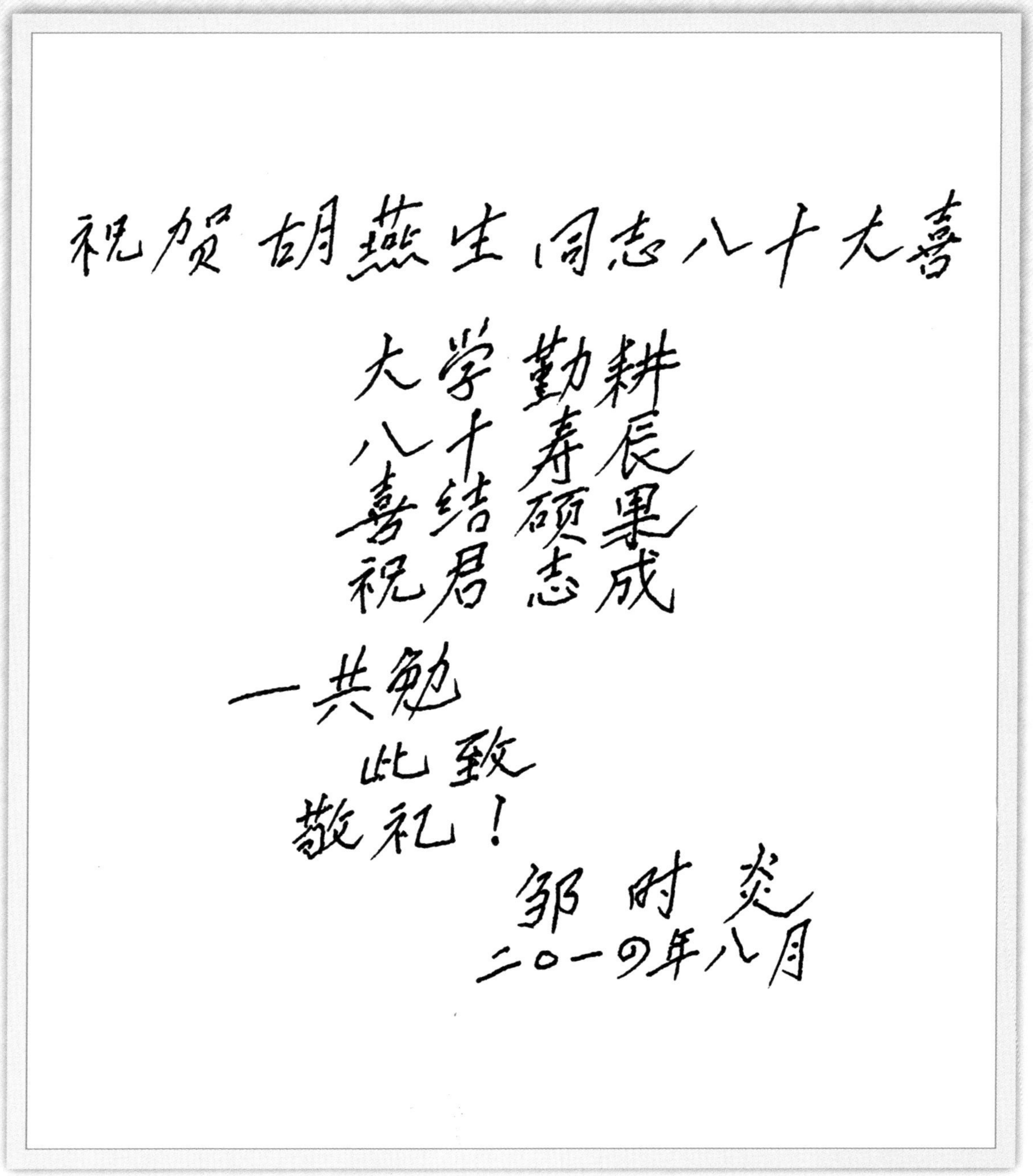

祝贺胡燕生同志八十大喜

耕辰长果成
勤寿硕志成
学十结君
大八喜祝

一共勉
此致
敬礼！

邹时炎
二〇一〇年八月

邹时炎　国家教育委员会原副主任、党组成员，第八、九届全国政协委员，教育部关心下一代工作委员会主任，曾任中国中学生体育协会主席

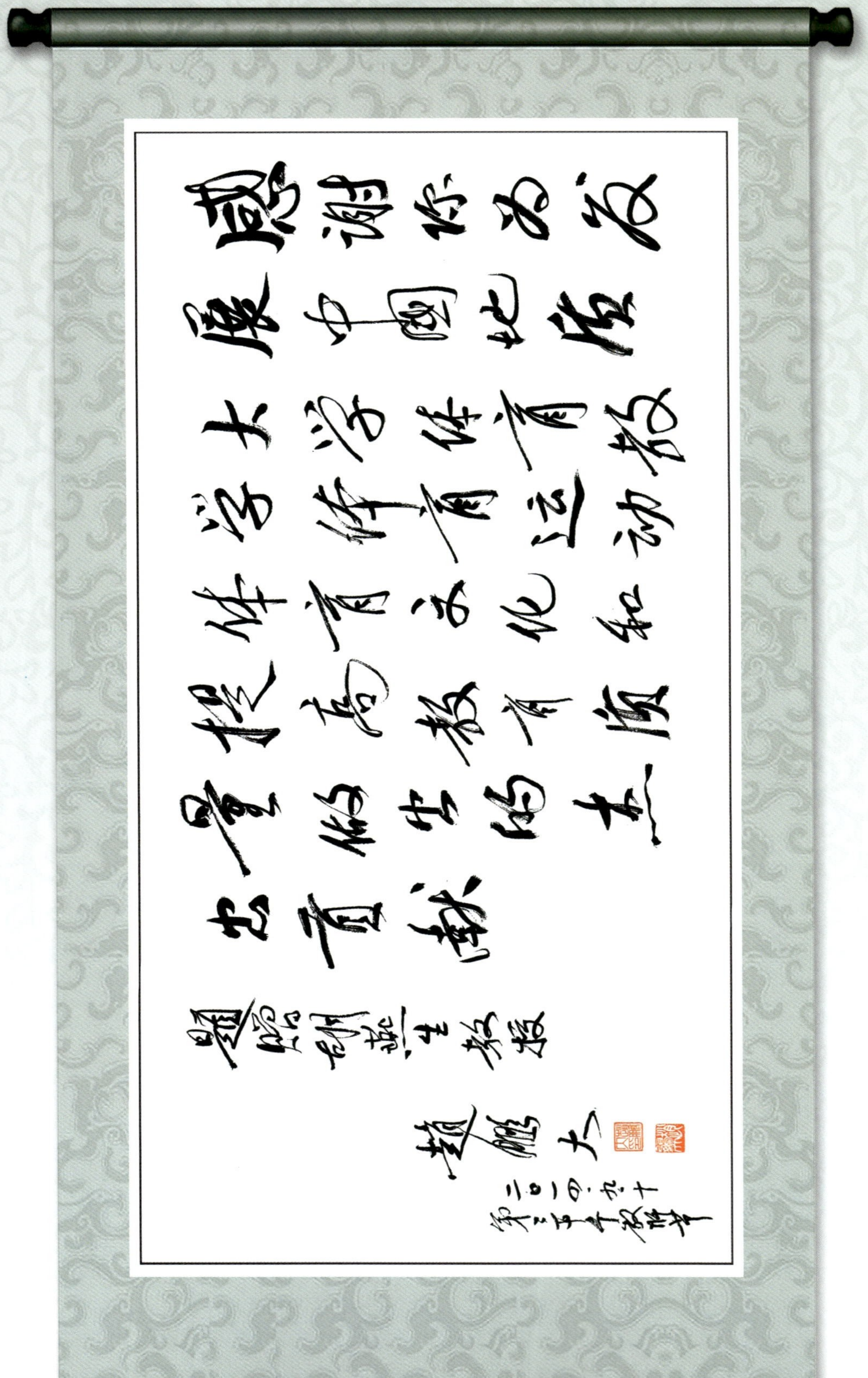

感谢您为中国地质

大学作出的贡献

祝愿学校有更

好更大的发展

为国家民族作

出更多更大贡献

题赠郑州学生聚

赵鹏大
二〇一〇.九.十

赵鹏大 中国科学院院士、中国地质大学原校长

贺胡燕生教授八十华诞

　　敬仰您无私奉献体育教育事业的崇高精神

　　感谢您为湖北高校体协作出的积极贡献

孙德华

二〇一五年三月

孙德华　湖北省教育厅原厅长

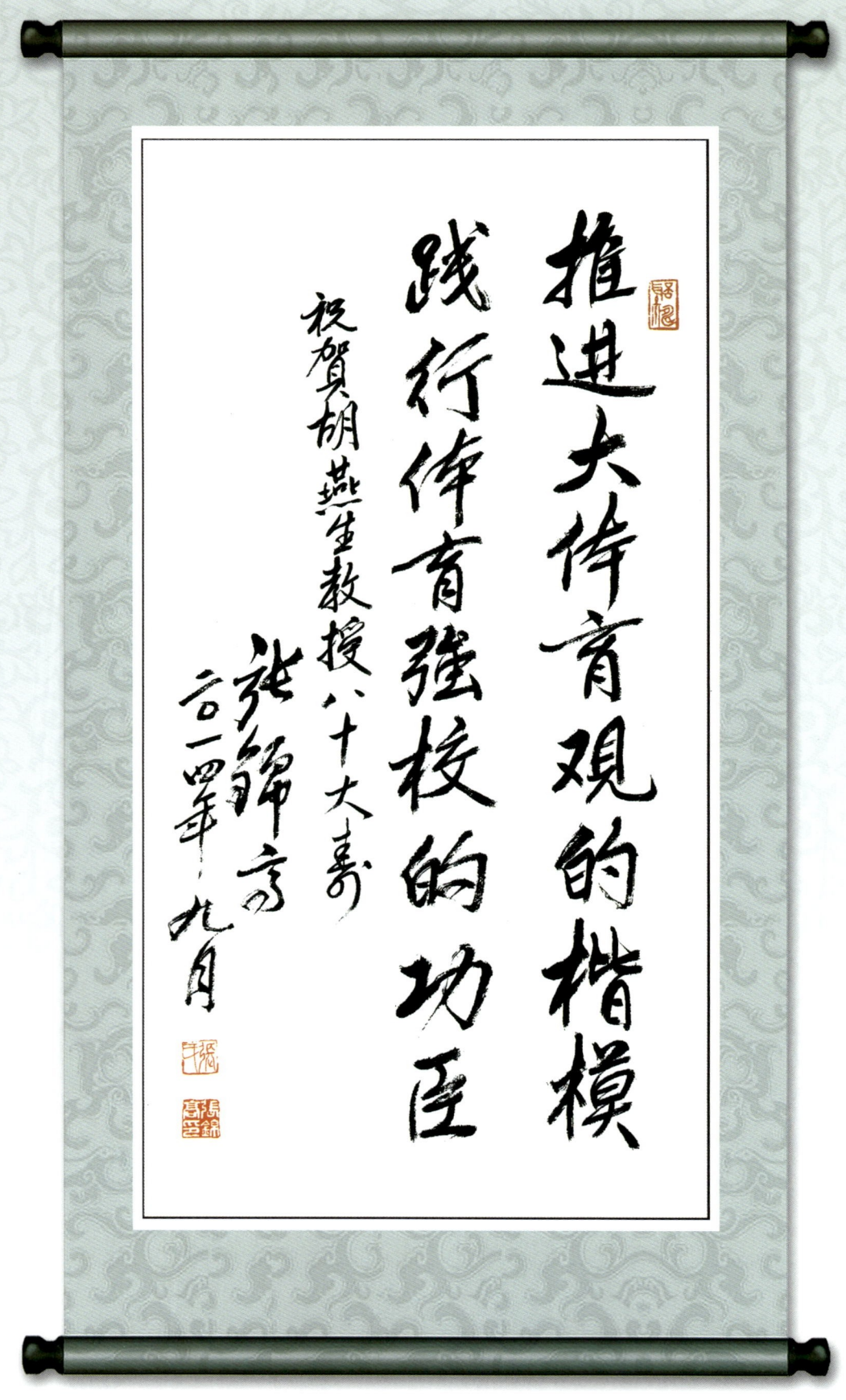

张锦高　中国地质大学（武汉）原党委书记、校长，现任湖北省高校老年协会常务副会长

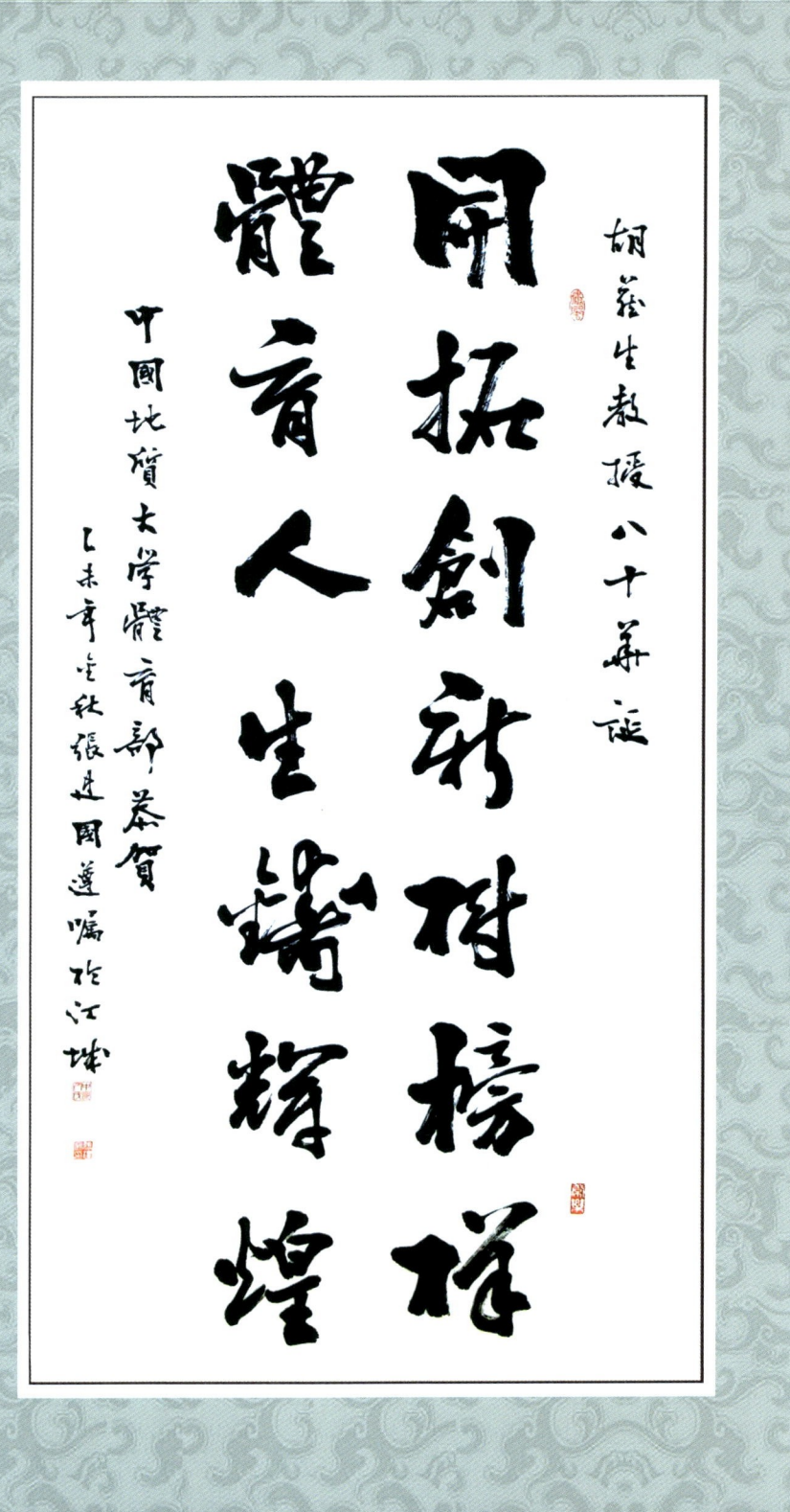

中国地质大学(武汉)体育部贺胡燕生教授八十华诞

序言 XUYAN

漫漫耕耘路　浓浓师生情

中国地质大学运动员校友联谊会

2015年元月

2016年1月3日，胡燕生教授将迎来其80华诞暨从事体育工作55年。学校运动员校友联谊会提议，并征得胡燕生教授同意，经运动员校友联谊会理事会研究，特决定出版《体育人生》画册以示纪念。

胡燕生1961年由北京体育学院毕业后分配到中国地质大学（武汉）的前身——北京地质学院任教。历任体育教研室副主任、主任、体育部主任兼党支部书记。

曾任第五届中华全国体育总会委员、全国地质院校体育教学指导委员会主任；曾参与创建中国大学生羽毛球协会并任秘书长；曾任中国大学生田径协会和排球协会副主席；曾任湖北省高校体育协会常务副秘书长兼办公室主任，湖北省高校老年协会副会长兼文体部部长等职。

1992年10月1日起，胡燕生教授享受国务院"政府特殊津贴"。

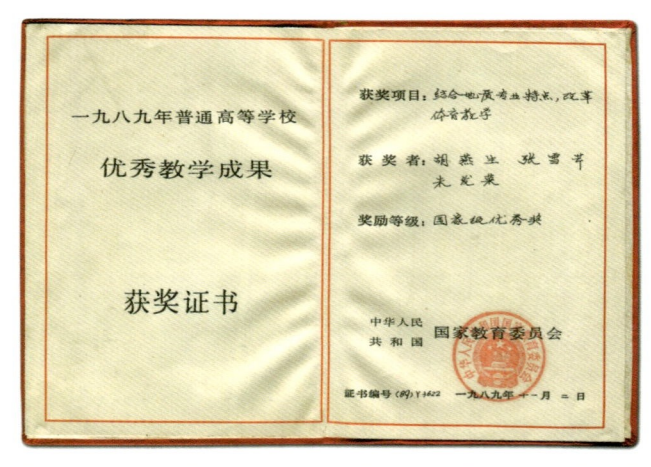

胡燕生教授热爱体育，在其从事体育工作的55年中，把毕生的精力献给了地大的体育事业。他潜心教学，富有开拓精神，几十年来不辞辛劳，一心扑在体育教学工作上，为学校师生的健康操心，为学生的健康成长谋划，付出了大量的汗水和心血。在学校刚刚迁往武汉后的困难时期中，他仍弘扬了原北京地质学院的体育优良传统，与时俱进地改革、探索，使学校的体育事业步步迈上新台阶，取得了骄人的成绩，提升

了学校的知名度，扩大了学校的影响力。

胡燕生教授1985年被国家体育运动委员会评为"全国优秀裁判员"，1995年被地质矿产部体育协会评为"全国地矿系统群众体育先进个人"，1997年被湖北省侨联评为"湖北省归侨、侨眷先进个人"，1999年被教育部、国家体育总局评为"全国高校体育工作先进个人"，以表彰胡燕生在中国体育事业发展中所做出的贡献，2002年被中国大学生排球协会授予"先进个人"，2006年被中国大学生羽毛球协会授予"突出贡献"奖。

胡燕生教授在从事体育教学的同时，还积极进行体育教育的科学研究，先后公开发表论文10余篇，其中《结合地质专业特点，改革体育教学》教学成果项目（第一负责人）荣获1989年全国普通高等学校教学成果奖"国家级优秀奖"。《结合地质专业特点的地质大体育观——中国地质大学体育教学改革研究与实践》（第一作者）获得第四届全国大学生运动会科研论文报告会优秀论文二等奖（一等奖空缺）。

1994年在由胡燕生教授主编的全国地矿系统院校体育统编教材《体育课教程》一书中将登山、攀岩、定向越野、毽球运动编入教材，丰富了全国高校体育课教材的内容。

胡燕生教授为扩大学校的知名度和国际影响，在任职期间先后带领学校的羽毛球队、登山队，赴俄罗斯、日本、瑞典、捷克、法国、土耳其、保加利亚等国家及中国香港进行比赛，在联合训练及学校体育工作的交流方面取得了丰硕的成果。

1992年中国地质大学羽毛球队受教育部大学生体育协会的委派,由在校大学生组队代表中国大学生赴瑞典参加了第二届世界大学生羽毛球锦标赛,并获得女单铜牌。

1994年中国地质大学羽毛球队再次代表中国大学生在捷克参加了第三届世界大学生羽毛球锦标赛,获得一金、一银和一个第四名的好成绩。回国后,教育部中国大学生体育协会在北京举行了"庆功会"。原教育部副部长周远清在会上说:"你们这次参赛获得女双世界冠军,为你校正在进行的'211工程'的预审,添了一个非常有分量的砝码,表示祝贺。"

殷殷赤子心,浓浓师生情。胡燕生教授是我们的良师,又是我们的益友,我们之间结下了深厚的友谊。20世纪80年代初,在他的积极推动和学校的大力支持下,武汉地质学院(中国地质大学前身)在全国率先招收高水平运动员,创办高水平运动队,培养了一批又一批既有竞技体育项目优秀成绩,又懂专业知识的优秀人才,为学校的体育教育教学探索了一条新路,我们中的许多人也因此改变了人生的轨迹。这种新的非同一般的教育教学模式,具有更高的目标要求,培养了我们对工作与环境更广、更强的适应能力,使我们的许多运动员毕业后成为不同岗位的骨干并取得了优良的工作成绩。往事并不如烟,难忘的经历在我们的人生道路上留下了深深的印记。

值此胡燕生教授80华诞和从事体育工作55年之际,我们对他表示衷心的感谢和祝福!祝愿他晚年平安、健康、幸福、快乐!

目录 CONTENTS

一 热爱体育　献身地大 1

二 同心协力　改革探索 15

三 立足校园　开拓视野 51

四 亦师亦友　师生情谊 83

五 团结协作　互学互鉴 167

六 退而不休　发挥余热 193

七 同行伴侣　幸福家庭 211

八 致　谢 227

一 热爱体育 献身地大

REAI TIYU XIANSHEN DIDA

胡燕生，男，汉族，中国共产党党员，教授。1936年1月3日出生于山西省太谷县。1948年随父母到北京定居，1957年从北京65中学（原北京育英中学）毕业，同年考入北京体育学院攻读田径专业。1961年8月大学毕业后分配到北京地质学院体育教研室任教。1975年胡燕生教授随学校南迁[学校迁往武汉后先后更名为武汉地质学院、中国地质大学（武汉）（简称为地大）]，继续担任体育教学工作，直到1997年退休，2013年回京安度晚年。其中，1968年至1971年他在学校江西"五七"干校任三连连长。

北京体育学院四年的大学生活，引领胡燕生老师走上了终生献身体育事业的道路。在毕业后的体育教育教学工作中，当年在北京体育学院体育文化氛围潜移默化的熏陶，到北京地质学院后，又受到结合地质专业特色体育优良传统的影响，加之受到当年体育教研室的前辈、同仁们努力坚持探索体育教学与学校地质专业相结合的体育理念的感染，使胡燕生老师树立了探索体育人生之路的志向，并为之奠定了坚定不移的奋斗目标。

胡燕生老师在地大55年的体育教育工作中，积极思考、勇于开拓创新，体育工作屡创优异成绩。他不受迁校影响，积极开展工作，使学校体育事业在汉迅速走向正规，实现新的崛起、发展与壮大；他结合地质专业开发攀岩、登山体育项目；他不仅将学校传统的体育项目开展得有声有色，并取得骄人的成绩，同时还采取"走出去，请进来"的方针，积极开展和举办丰富多彩的体育活动与比赛，如攀岩、羽毛球、排球并走向世界；等等，都做出了自己突出的贡献。由胡燕生老师等编著的庆祝地大建校60周年《体育华章》画册，见证了他的体育人生与中国地质大学的发展紧密相连。

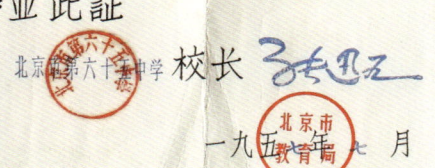

毕业证书

学生 胡燕生 系 山西省太谷縣 人现年 二十一 岁 在本校 高中三年級 修业期满成績及格 准予毕业 此証

北京市第六十五中学 校长

一九五八年 七 月 日

高中毕业证书

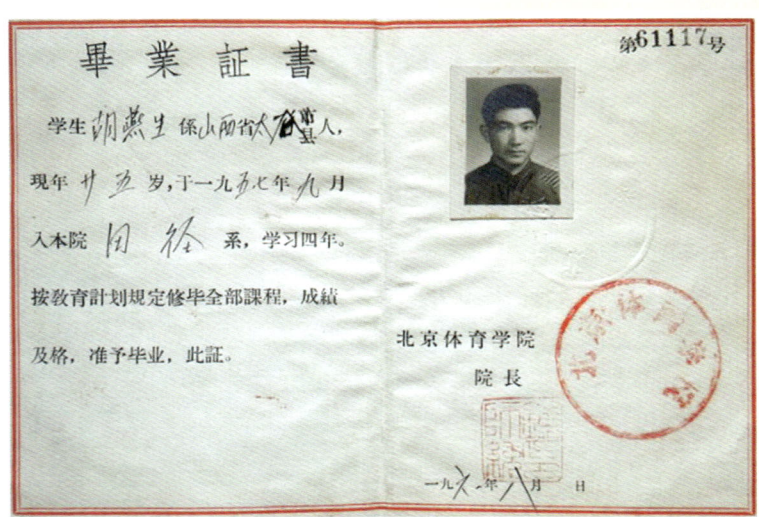

北京体育学院毕业证书

教师资格证书

高级专业技术职务资格证书

全国优秀裁判员证书

羽毛球荣誉证书

群众体育先进个人

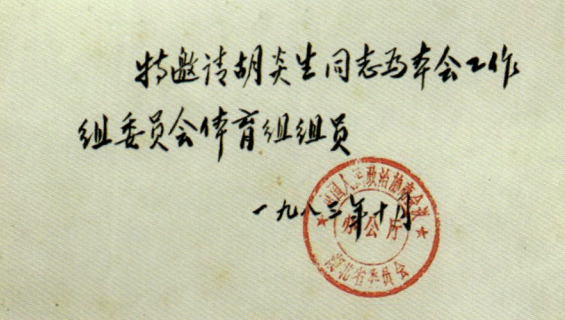

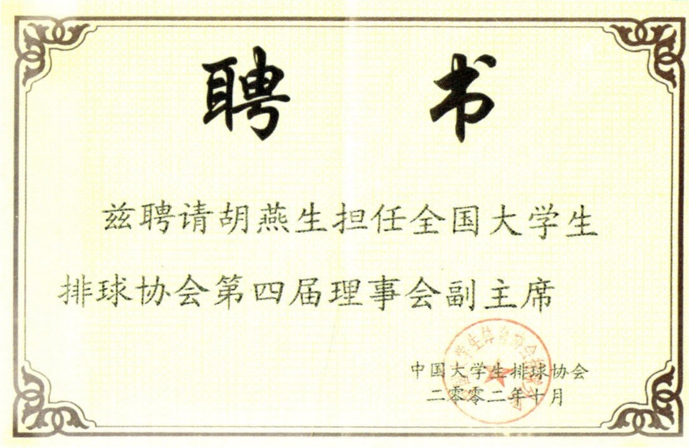

聘书

兹聘请胡燕生担任全国大学生排球协会第四届理事会副主席

中国大学生排球协会
二零零二年十月

聘书

兹聘请 胡燕生同志 为我中国高等学校排球联合会第一届理事会 付会长

1985年12月24日
聘字　第　号

聘书

经中国大学生体育协会羽毛球分会第一届会员代表大会通过，兹聘请 胡燕生 同志为中国大学生体育协会羽毛球分会第一届理事会秘书长。

中国大学生体育协会羽毛球分会
1996年12月27日

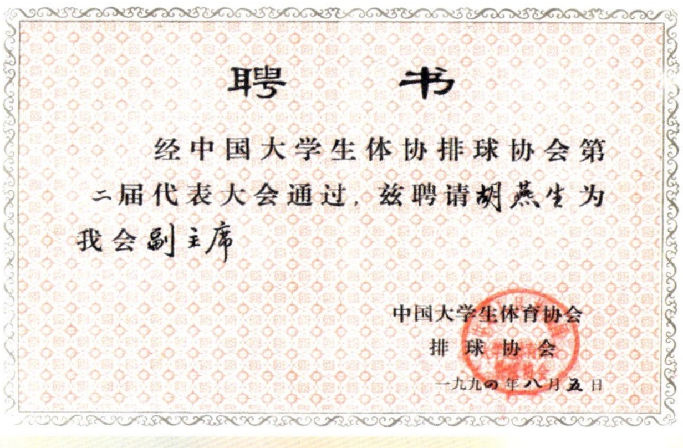

聘书

经中国大学生体协排球协会第二届代表大会通过，兹聘请胡燕生为我会副主席

中国大学生体育协会
排球协会
一九九0年八月五日

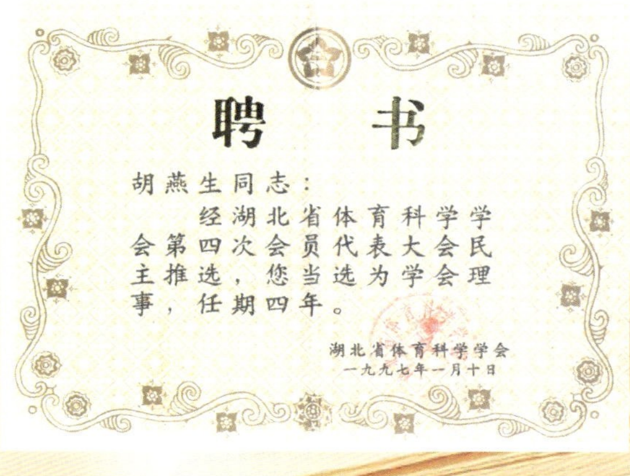

聘书

胡燕生同志：
　　经湖北省体育科学学会第四次会员代表大会民主推选，您当选为学会理事，任期四年。

湖北省体育科学学会
一九九七年一月十日

北京市25中学初中校篮球与足球队队员合影
（二排左一为教练闫斯民老师，左二为胡燕生）

初中时胡燕生在北京第25中朱宝庭老师的指导下组建长征篮球队（后排左二为胡燕生，二排右二是胡燕生的弟弟胡玉生）

地院运动员熊慕侠（她因体育与胡燕生结缘而成为伉俪）获1960年北京市高校运动会80米低栏第一名

胡燕生北京第65中高中同班同学聚会（摄于2003年春节，官园）

1955年胡燕生代表北京65中首次夺得北京市中学生"三好杯"篮球比赛冠军

1955年胡燕生代表北京65中学夺得北京市首届中学生"三好杯"篮球赛男子组冠军。左是胡燕生的弟弟胡玉生同在一个球队

祝胡燕生教授八十华诞暨从事体育工作五十五年

2003年北京体育学院五七级体育系同学回母校参加校庆50周年聚会（二排右一为胡燕生）

由胡燕生负责在江西"五七"干校组建的女子篮球队获峡江县篮球比赛第二名(1970年)
(第二排左一为胡燕生,第一排左二为熊慕侠)

胡燕生代表峡江县男子篮球队参加了吉安地区篮球赛,荣获冠军(1970年)

胡燕生作为峡江女子篮球队教练带队参加吉安地区篮球赛,荣获冠军(1970年)

熊慕侠与南师附小同学聚会（2007年10月）

熊慕侠与大学同学聚会（2010年10月）

熊慕侠与地院大学同班同学聚会（2012年10月）

熊慕侠与南京中山附小的同学聚会（2012年）

2012年胡燕生与北京体育学院同学聚会

全国五所地质学院（武汉、长春、成都、河北、西安）体育教研室主任合影（1980年）

2004年由胡燕生负责联系在湖北工作的北京体育学院校友们在地大（武汉）聚会

全国五所地质学院体育部主任合影[1989年,地大(武汉)]

地矿部教育司司长孟宪来在地大校长赵鹏大教授的陪同下,接见地矿系统院校体育教学指导委员会全体成员(1995年)(一排左三为胡燕生)

胡燕生重返江西"五七"干校,在曾经生活过的地方留影(1997年)

由胡燕生等主编的《体育华章——中国地质大学60年体育掠影(1952—2012)》

二 同心协力 改革探索

TONGXIN XIELI GAIGE TANSUO

胡燕生老师在地大(武汉)体育部任职期间,在学校党委、校行政的领导下,始终坚持"献身体育,矢志不移,教书育人,竭尽全力;群体工作,不辞辛苦,竞技比赛,组织严密"的工作理念。他始终坚持结合专业特点,不断地改革体育教学,不断地开拓新的体育项目,重视培养青年教师的一专多能。

胡燕生老师与体育部历届领导班子成员和同仁们从学校建设和发展的大局考虑,同心协力,锐意进取,开拓创新,调动各方面的积极因素,在不同的领域和层面上,为学校争得了荣誉,在全校教职工和学生中形成了一个非常良好的体育氛围,尽到了体育教育教学工作者应尽的职责,没有辜负学校广大师生员工对学校体育工作的支持。

在胡燕生教授于体育部任职期间:

1986年,武汉地质学院被湖北省政府命名为湖北省第一所"体育先进院校"。

1993—1995年,体育部连续三年被评为学校"教学管理先进单位"。

1994年,体育课程通过地质矿产部(简称地矿部)和学校联合评估,授予"校一类课程"。

1995年,体育部女生教学研究室被湖北省教育厅授予"湖北省普通高等院校优秀教学研究室"。

1989年和1995年,学校两次被地质矿产部评为"全国地质战线群众体育先进院校"。

1987年和1997年,学校两次被国家体委授予"全国群众体育先进单位"。

1992年,在全国普通高等院校体育课程评估中,被国家教委授予"全国普通高等院校体育先进院校"。

1993年,在全国普通高等院校试办高水平运动队的评估中,学校被评为试办高水平运动队"优秀学校"。

在1992年第四届、1996年第五届和2000年第六届全国大学生运动会上,学校连续三届获得"校长杯"("校长杯"是指按一所院校运动员在本届大学生运动会上获得前八名的运动员积分总和排列出的名次)。其中,1992年中国地质大学(武汉)运动员代表湖北省参加第四届全国大学生运动会上由于运动员成绩优异,并以252分的总得分夺得了"校长杯"第一名,被湖北省政府授予"特殊贡献奖"。

1999年10月中国地质大学(武汉)被教育部、国家体育总局授予"全国学校体育卫生工作先进单位"。

大体育观　特色鲜明

体育是对学生进行全面发展教育的重要组成部分,与培养高素质人才和我国社会主义现代化建设有着重要的关系。正如毛泽东同志在《体育之研究》中所说:"体者,载知识之车而寓道德之舍也。"

在地质院校实施体育教育的实践中,学校深刻地认识到体育是整个大教育系统中的一个子系统,体育教育的改革必须突破课堂教学、体育场馆的约束,贯穿于整个地质教育的教学环节中;教学内容要突破传统体育项目的约束,开展体现地质工作特色的体育项目的教学。同时,高等院校的体育教学在学校办学目标及发展战略中要有充分的体现。体育教学在结合地质工作的特点,实现普及体育知识、增强学生体质和心理品质的体育教学目标的同时,还应该探索创办高水平运动队,积极参与国际体育交流与合作,深入开展体育科学研究。上述目标和任务决定着地质院校的体育教学必须是反映地质教育特色的、综合的、开放的、多样化和多层次的教学体系。这样一种体育教学体系和思想,被称为"地质大体育观"。

它是现代大教育观在体育教学中的具体体现,是高等院校体育教学的战略指导思想。

实施地质大体育观,呈现出空间广、时间长、内容广泛、形式多样、多层次性等鲜明特点。

思想观念的变化、认识上的升华,促使学校的体育教学、群众体育、竞技体育工作步入了良性、可持续发展的轨道。

结合专业特点的地质大体育观[①]

——中国地质大学体育教学改革研究与实践

胡燕生　余际从　胡轩魁　朱新国

摘　要　本文根据地质高等院校体育的特点和规律,提出了"地质大体育观"的体育战略思想,并就地质大体育观概念的由来、探索与实践、实施作了简要的介绍。

关键词　地质高等院校　体育　教学改革　地质大体育观

一、地质大体育观概念的由来

中国地质大学建校40年来,在贯彻党的教育方针和"发展体育运动,增强人民体质"的体育工作方针的实践中,在结合地质专业特点改革体育教学的探索过程中,体育教学取得了显著的成绩。

---

①本文是1992年向第四届全国大学生运动会科报会提交的一篇论文,获得优秀论文二等奖(一等奖空缺)。作者在大会上发言,并就论文中的观点与参会者进行了交流。

在长期的实践中,我们体会到,体育是保证人才德、智、体全面发展的一个有机组成部分,是整个大教育系统中的一个子系统。体育教学改革的目标一定要密切结合地质院校教学规律,为完成地质院校培养地质专门人才的规格服务;体育教学改革必须突破课堂教学、体育场馆的约束,贯穿于整个地质教育的教学环节;教学内容要突破传统、经典体育项目的约束,开展体现地质工作特色的体育项目的教学;同时,我们还认识到,重点高等院校的体育教学在学校实现办学目标及发展战略中要充分地体现,这就要求体育教学在遵循普通高校体育教学一般规律的基础上,结合地质工作的特点在实现普及体育知识、增强学生体育和心理品质的体育教学目标的同时,还要探索创办高水平运动队,积极参与国际体育交流与合作,深入开展体育科学研究等。

上述目标和任务决定着地质院校的体育教学必须是反映地质教育特色的综合的、开放的、多样化和多层次的教学体系。我们把这样一种体育教学体系和思想称为地质大体育观。这正是现代大教育观在体育教育中的具体体现,是高等地质院校体育教学的战略指导思想。

地质大体育观的特点可概括为以下方面。

(1)空间广:从狭小的课堂扩展延伸到校内一切可实施体育教学的有效空间(场、馆、地方),直到教学、生产实践的广阔山野。

(2)时间长:在时间系列上,体育在整体上贯穿于地学人才培养周期的全过程;在局部上,突出了它的群众性和经常性。

(3)内容广泛:除普适性内容外,突出了专业特色的内容。

(4)形式多样:课内与课外相结合,学校与野外结合,群体与专项相结合,相辅相成。

(5)视野宽广:立足学校,放眼全国,走向世界,博采众长,有强烈的参与和竞争意识。

(6)管理的层次性和有效性:除专业体育老师队伍外,还形成了趋于"职业化"的业余队伍——各级领导(主要是二、三级单位领导)、政治辅导员和班主任、中老年教职工中的积极分子等。这种多层次、多渠道的管理体系保证了体育的有效性。

在地质大体育观的指导下,长期以来,我校逐步形成了良好的体育传统和特色,可简要概括为三点:

(1)各级领导普遍重视、直接参与,并积极为体育投资。

(2)结合地质专业的特点,以登山、攀岩、中长跑、竞走、游泳等《国家体育锻炼标准》中规定的有关项目为主要内容的课外体育活动异常活跃。

(3)有一支老、中、青结合并具有"一专多能"业务能力的体育教师队伍,同时拥有一批人数可观的体育积极分子,形成了专兼结合,多形式、多层次的体育实施与组织管理的格局。

二、地质大体育的探索与实践

在地质大体育观指导下的地质体育,把课堂体育教学和课余体育活动放在同样重要的地位,结合地质专业的特点,对课堂教学的扩展和延伸部分——课余体育活动,给予了高度重视。为保证体育实践的有效性,亦加强了对体育的管理。

1. 课堂体育教学过程的整体优化与改革

课堂教学过程是老师和学生共同活动的过程,要通过一定的教学内容、教学手段来相互作用。因此,教师、学生、教学内容和教学手段构成了教学过程不可缺少的基本因素,它们之间存在着必然的内在联系。这些基本因素之间的相互联系和作用,就构成了一个完整的教学系统。只有实现了各个具体环节的优化,才能实现体育教学的整体优化。在严格执行教学计划、严肃教学纪律的基础上,我们主要抓了以下几项工作。

1)结合地质专业特点,不断充实、更新教学内容

随着体育教学研究的深入和地质事业的发展,为更加适应教学改革的要求,进一步落实、完善地质大体育教学的科学性和实用性,1978年、1985年、1989年,我们先后3次按地质专业的特点,修订了教学大纲,以加强训练学生在地质找矿工作中身体技能和身体素质方面的适应性,编写了供地质院校师生使用的理论教材、登山实用教材及登山教学的电视教材,并已在全国发行。同时,还注意不断充实、完善、更新教材内容,如1984年兴起的毽球、健美操及攀岩运动,我们便及时将这些项目列入教学大纲,充实到课堂教学中去,深受学生们的欢迎,对加强学生适应地矿工作的体能训练和意志品质的培养起到了促进作用。

体育,具有极其丰富的思想品德教育因素,这些因素是由体育本身的特点所决定的。如在高强度的体育锻炼中,可培养学生吃苦耐劳、坚韧不拔的意志品质和高度的组织纪律性;在体育竞赛中,可培养学生勇敢顽强、灵活机智、不甘落后的进取精神,以及团结友爱、互相合作的集体主义精神,以及正确处理个人与个人、个人与集体、集体与集体之间的关系,等等。这些道德品质的形成不是自发的,而是靠我们教育者有意识地进行培养的结果。因此,我们坚持要求老师既教书又育人,紧密结合地质工作的特点,进行有效的专业思想教育,鼓励学生在校练就强壮的体魄,养成良好的意志品德,以更好地适应未来地质工作的需要。

2)重视师资队伍建设,加强对青年教师的培养

教学过程的整体优化,师资队伍的建设是关键。为了既要做好青年教师的培养,又要保证师资队伍的结构合理,我们采取了如下有效措施:

(1)对全体教师,尤其是对青年教师进行脱产、半脱产的业务培训。通过助教进修班和攻读在职研究生等办法,不断优化教师队伍的知识结构,提高青年教师的业务素质。

(2)坚持集体备课与个人备课相结合,采用有专长的教师主讲与其他教师补充的教学方法,以动作规范化及精讲多练等为原则进行交流,以取得互补效益,促进教师教学水平的全面提高。

帮助青年教师过好教学关,在有经验的教师指导下,严格要求,并要求新分配来的青年教师在试用期间上一次公开课,写一篇理论课讲稿,由全教研室的教师用专题分析法和综合分析法进行评定。

坚持每位任课教师每学期相互看课1~2次的制度,要求看课后填写看课登记表。这样不仅可以达到相互学习、取长补短的目的,而且也是对教师进行考核的内容之一。

3)重视教学方法研究,促进教学质量的提高

体育课堂教学能否较好地使学生学到体育运动的基本知识,掌握科学锻炼身体的基本技能和方法,培养坚持体育锻炼的良好习惯,从而达到增进健康、促进全面发展的目的,其科学的教学方法及研究起到举足轻重的作用。

长期以来,我们在课堂教学的实践中结合我校地质体育教学的实际,坚持从不同年级学生身体发育特点出发,结合培养地质专业人才的实际需要,研究和完善了"层次教学法",既注意学生个性的特

长的发展与培养,又改革了过去较单一的教学模式。从1980年开始,一年级以《国家体育锻炼标准》为主要内容开设以田径项目为主,突出中长跑、竞走、游泳及力量方面的基础体育课,旨在恢复与提高基本身体素质,为开展专业需要的体育技能课奠定了基础;二年级结合地质专业的特点开设以专项实用项目为主的技能课程,如登山、攀岩、球类、健美操、舞蹈等,培养学生热爱地球科学,献身地质事业,追踪学科前沿,奋力攀登高峰的意志品质和情操;三年级把各类单项协会与各种竞赛活动结合起来,开设专项提高选修课,增强学生的竞争意识和拼搏精神,充分调动学生的学习积极性;研究生则按不同年龄和身体状况,开设多种形式的选修课,实行学分制,充分体现学生的特点。

在推行《国家体育锻炼标准》工作中,我们把一年级的课堂教学与各系及共青团基层组织活动结合起来,使课堂教学的效果在课余时间得以巩固与提高,使开展"达标"活动的达标率逐年上升,并能保持在较高的水平上。在建立学生健康卡片的过程中,把一、二年级学生的身体形态、身体机能和身体素质的锻炼和培养与校医院对学生身体状况的测试结合起来,通过抽样调查证明,我校学生的身体基本素质指标、身体机能及其发育指标均高于同期湖北省高校测试的平均水平。

在重视开展教学方法研究的同时,体育部还发动全体教师开展广泛的体育科学研究。自1980年以来体育部已召开7次学术交流报告会,共撰写论文100多篇,其中有54篇在省级或高校刊物上发表,有19篇获得不同层次的奖励。

2. 课堂教学的扩展和延伸——群专结合的课余体育体系

课余体育体系是体育课堂教学的继续和深化,是地质大体育观十分重视和强调的内容,对地质专业的学生来说尤为重要。

学校体育教学的组织形式一般分为体育课、辅导课、早操、课间操、课余体育锻炼等。从1978年至今,我校一直坚持每天集体出早操的制度(毕业班除外)。即使在1989年春夏之交的非常时期,也从未间断。同时,建立了"学生健康卡片",每年对学生的身体机能和身体素质进行测试,女同学还增加了哈佛台阶试验,并纳入相应的教学计划之中。在此基础上,着重开展了学生课余体育锻炼。

课余体育锻炼是巩固扩大体育课堂教学效果、使学生得到全面的经常锻炼的必不可少的组织形式,主要包括体育锻炼小组、各种单项协会组织的多种形式的活动;运动队的训练及各种竞赛等。

(1)广泛开展紧密结合地质专业特点的群众性体育活动和竞赛活动,并注意充分发挥学生会、各单项体育协会的"三自"作用(自我组织、自我管理、自我服务)。

学校已形成了每年定期举行长途负重地质旅行、重阳节登山比赛、迎春长跑比赛的制度;每年还派体育教师随实习队到野外,结合当地条件开展登山、攀岩、游泳等体育活动。

体育部十分注重学生中体育骨干的训练和培养。近几年学校先后成立了武术、登山、足球、棋类等协会,并培养了各项三级裁判共400多人,他们在校期间是体育教育的中坚力量和桥梁,走上工作岗位后,成为基层开展体育锻炼的积极分子和骨干。

(2)运动队训练是课余体育锻炼的一种形式,它的主要任务是使学生在身体受到全面训练的基础上,系统地接受专项体育训练,提高运动技术水平,它对培养体育骨干,推动学校体育的普及和提高,增强学生体质有很大的作用。经各有关主管部门批准,我校自1980年就开始试办高水平运动队,经过10多年的实践,在不断总结经验的基础上,形成了"一条龙"业余训练的体系。1980—1991年,我校先后特招较高水平的运动员计188名,其中包括田径、篮球、排球、游泳、登山、羽毛球等项目运动员,经过全面教育和培养,成才率较高。在188名运动员中,受过系级以上表彰的有48名(占25.53%),被评为系级以上"三好学生"的有26名(占13.83%),入党的有21名(占11.17%),毕业后出国留学或考取研究生的有16名(占8.5%),退学的有3名(占1.5%)。

几年来,试办高水平运动队已取得初步成效,在1991年国家教委和湖北省教委开展的试点工作评估中我校被评为优秀。

3. 体育国际交流与合作

"教育要面向现代化,面向世界,面向未来。"要提高高校体育教学的科学性、实效性和总体质量,必须走出学校封闭、狭小的天地,广泛开展校际、国际体育交流与合作,拓宽视野,从中发现差距,学习借鉴一切有用的东西,消化吸收,为我所用,并不断强化参与意识,树立普通高校也可以在国内外大赛中争雄的信心和决心,为国争光。

近10年来,我校先后同俄罗斯、日本等国家进行了10余次体育学术交流和竞赛等活动。体育部也先后派9名教师出国学习、讲学,从中学到了很多宝贵的经验。

登山运动是勇敢者的运动,象征着国家的尊严、人民的才智和民族精神,登山运动也是我校结合地质专业特点所开设的传统体育项目。1958年,学校成立了我国第一支业余登山队,并先后与日本、苏联等国的大学生登山队联合攀登了6座6000米以上的高峰、一座7000米以上的高峰。至1991年止,我校共培养了近6000名登山运动员,先后为国家登山队输送了9名登山队员。李致新同学于1988年参加中国、日本、尼泊尔三国联合登山队双跨世界最高峰并获得成功,同年又与校友王勇峰同学一起登上了南极最高峰——文森峰。1990年校"三好学生"佟璐成功地登上了8012米的希夏邦峰,是我国第一位登上海拔8000米以上独立山峰的汉族女性。

1992年3月27日至4月10日,受国家教委和湖北省教委的委派,我校羽毛球队一行5人代表中国大学生去瑞典参加了第二届世界大学生羽毛球锦标赛,并获得一枚铜牌。这是普通大学生参加世界大赛的首次尝试,为此后大学生体育比赛走向世界取得了经验。

另外,我校还接待了全国部分省市的高校体育教学改革考察团。通过切磋交流,促进了我校体育教学改革的深入开展。

4. 坚实的群众基础——多渠道、多层次的体育管理格局

出于地质工作的职业特点,我校广大教职工对体育有着极其特殊的感情,他们不但长期坚持体育锻炼,而且对学校的体育工作给予了极大的关心和支持,其中涌现出一大批热心体育工作的积极分子,他们直接或间接地参与了学校体育的实施和组织管理,为我校开展广泛、深入的课余体育活动奠定了基础。长期以来,他们活跃在体育第二课堂,与学生融为一体,一起锻炼,并给予指导,给学生以潜移默化的影响。正是在这种全校上下重视体育、关心体育的氛围下,学校形成了浓厚的体育锻炼风气和传统,有力地促进了体育教学质量的提高。

三、贯彻地质大体育观,体育工作成绩显著

40年的辛勤耕耘,40年的探索创新,我校的体育教育结出了丰硕的果实。我校早在北京地质学院时期,体育工作就搞得有声有色、生机勃勃,初步形成了我校良好的体育传统和特色。在北京市历届高校运动会上,体育运动成绩均位居前列,先后为国家输送了诸如王富洲、袁扬、王贵华、丛珍、彭淑力

5名国家级登山运动健将;同时业余培养出高正铨、潘春义、陈炳渊、李孟起、魏燕来5名田径、举重、棒球、垒球等项目的国家级运动健将。

  1975年学校南迁武汉后,在继承和发扬北京地质学院体育优良传统的基础上,随着改革的深入,注入了新的内容和活力,使得学校的体育工作又上了一个新的台阶。我校多年被评为湖北省高校群体"达标"先进单位;1986年被湖北省人民政府授予"体育先进院校"称号;1987年在第六届全国运动会上被国家体委授予"全国群体先进集体"称号;1989年又被地质矿产部体育协会授予"全国地矿系统群体先进单位"称号;教学研究成果——《结合地质专业特点,改革体育教学》荣获1989年湖北省普通高校优秀教学成果一等奖和国家教委颁发的国家级优秀教学成果奖;1991年国家教委和湖北省教委对我校高水平运动队试点评估的结果为优秀;1992年4月,在湖北省体育课程教学评估中名列榜首,体育运动成绩逐年明显提高。自1982年以来,我校主要项目的运动队在湖北省内或全国大学生运动会上均取得了优异成绩。近几年,又为国家培养输送了李致新、佟璐(女)、王勇峰3名国际或国家级登山运动健将;业余培养出陈燕(女子标枪)、李洪(女子400米)、刘丽萍(女子200米)3名国家级田径运动健将;我校男子、女子羽毛球队在国际大赛中也取得了较好的成绩,为国、为省、为校争了光。

参考文献

查有梁.大教育观[J].瞭望,1986(12)

南京师范大学教育系.教育学[M].北京:人民教育出版社,1984

"地大人"为此而自豪[1]

——我校体育教学掠影

熊慕侠　胡燕生　闻立峰　朱发荣

熊慕侠： 北京地质学院57级水文地质及工程地质专业，60届提前毕业留校在体育教研室任教，时任地大（武汉）体育部教学研究室主任、湖北省高校田径协会副主席，教授。

胡燕生： 地大（武汉）体育部主任、党支部书记，及登山协会秘书长、中国大学生田径和排球协会副主席，中国大学生羽毛球协会秘书长，教授。

闻立峰： 北京地质学院55级大系普查专业7班，60届毕业留校，中国地质大学出版社副总编，编审。

朱发荣： 地大（武汉）体育部副主任，校务委员会委员，体育运动委员会副主任，登山协会副主任，教授。

十年树木，百年树人。百年大计，教育为本。40多年来，地质矿产部、院校领导始终高度重视我校体育工作，鼓励体育工作者在全面贯彻党的教育方针过程中，勇于结合地质专业实践，大胆探索，团结奋进，开拓创新，突出特色，形成传统，逐步概括出了"地质大体育观"，实现了高校战略思想、科研方法和教学体系"质"的飞跃。

地球科学是一门研究空间广、时间跨度大、内容复杂、理论深邃、实践探索强的科学。探索地球奥秘、开发矿产资源，是造福人类社会、艰苦而豪迈的事业，特殊的工作环境，对地质人才在体魄、意志、品质等方面的要求和塑造更高。我校坚实的群众性、经常性、有效性的体育运动传统和根基，高水平体育运动队在国内外重大比赛中为学校屡建奇功，无疑为学风、校风建设和铸造"建设时期游击队员""地大人"的优秀品质立下了不朽的功勋，激励一批批地质工作者不畏艰险，甘愿风餐露宿，坚持野外勘测，探寻瑰宝，献身地质事业，去追求绚烂的人生。

一、忆传统，精华荟萃，谱写群体赞歌

20世纪50年代到60年代初期，北京地质学院广泛开展的群体活动，传统体育、竞赛成绩威震京城，名不虚传。

"祖国的需要，就是我们的志愿。"一批批立志报效祖国、献身地质事业的血气方刚的青年，从四面八方涌集来校深造。明确的入学目的和毕生追求，必然将体育锻炼与即将奉献光荣艰险而豪迈的事业自觉地联系在一起，展现出一幅幅感人肺腑的动人场面。

建校初期，基建施工繁忙，全院数千名师生在完成正常教学任务的情况下，有计划、有组织地参加

---

[1] 此文原载于由安静中、濮长萱主编的《江山作证》一书中。

义务劳动,群情振奋,日夜奋战建成两个标准田径场和一个游泳池。加上一片片篮球场、排球场、一排排单双杠、肋木、铁秋千、滚圈、杠铃等优良的体育设施体现党和国家对"工业建设尖兵"的厚爱与期望,亦是北京其他高校无法攀比的。

清晨,天刚蒙蒙亮,大、小操场和校内两条1200米长的大马路上挤满出操、晨练、长跑的人群,"为祖国,锻炼、锻炼、锻炼!"的口号声此起彼伏。有校、系体育代表队,有各班组的锻炼小组,纪律严明,热闹非凡,全校充满了青春的活力。

下午7、8节课成为法定的文、体、社团课余活动时间,教室、图书馆腾空,不需催喊,全部参与,蔚然成风。体育代表队按教练计划训练,有毅力、能吃苦、有长进;同学们按"劳卫制"标准自行锻炼,班级间单项对抗赛、篮球、排球、足球或小球比赛事先登记,安排有序,常呈现出全班出动助威的热烈场面。

除一年一度的新生运动会、全校运动会外,以班为单位集体参赛的"10公里负重行军"成为我校传统的体育盛会,参赛人员占全校师生90%以上,组织严密、动员口号响亮:"为祖国地质事业,练成一副铁脚板!"浩浩荡荡、倾校而出的行军队伍,在一片锣鼓声、呐喊助威声中冲出校门,你追我赶,震惊四邻学友。

在广泛开展群众体育运动的基础上,我校曾培养出一批品学兼优的体育尖子。当时的校足球队、篮球队、排球队及游泳队、举重队多次在北京高校名列前茅,那时的北京青年足球队是由高校冠亚军队为主组建的纯业余队,我校有7人入选。有次请"八一"队来我校与校队比赛,观战同学爆满,结果1:1战平,震惊北京高校,特别是男子棒球队和女子垒球队连续保持北京十届高校冠军;高正铨曾以10秒3打破男子百米全国纪录,成为北京田径队主力队员(后任教练);潘春义始终保持北京市"三铁"纪录入选北京队;女子百米曲礼娥、刘湘君连续3届稳夺一、三名,使体院短跑选手难以夺冠(当时体院和普通高校混合编组参赛),仅次于国家长跑健将伊套特格的我校选手何浩生在高校赛场上大展雄风;长跑、竞走队经常集体立功。令人难忘的是,1959年在石油学院举行的高校运动会上,我校高正铨以悬殊优势独揽100米、200米冠军后,4×100米接力成为全场关注的项目,清华大学队夺冠呼声最高,而我校派出叶良知、谭龙樟、闻立峰、高正铨的阵容迎战,但高正铨一直在北京队集训并未回校合练,形势严峻。赛前高正铨要求我们前三棒只要落后10米左右定能追上。谁知发令枪声响后,清华队一路遥遥领先,我们咬牙紧追,绝不示弱,等高正铨接棒后已落后清华队13~14米,最后一棒,难以挽救,谁知高正铨像风驰电掣般直追猛赶,那股拼劲把全场观众带动起来了,加油声响彻云霄,气氛相当紧张,最后高正铨以超前2米领先冲过终点,以44秒3的成绩打破了北京高校纪录创造奇迹,为学校争得了荣誉。这个纪录一直保持到20世纪80年代中才被高校队"打破"。那时,我校业余培养出高正铨、潘春义、陈炳渊、李孟起、魏燕来、鄂秀满等一批田径、举重、棒垒等国家级运动健将,极不寻常。

从1958年起,根据地质专业的需要,将登山课列为在校生必修课,香山测量实习安排登山现场教学,由艾顺奉、白进孝、仲禹、朱发荣等老师讲授登山要领与技能;每期周口店教学实习都要组织1500人的队伍集中攀登猫耳山,一路欢歌笑语,互相鼓劲,从未有人掉队。全校前后有6000人达到等级运动员称号。特别是国家体委批准我校成立了全国第一支业余登山队后,配合国家登山队,有计划地攀登上一座座高峰,为中国登山队输送了一批批登山运动员和教练,如王富洲、袁扬、王贵华、丛珍、彭叔力、王鸿宝等。

不难看出,我校体育工作在这仅次于军事院校的地质院校教学中的特殊地位和显赫影响,长期以来形成了以登山、攀岩、中长跑、游泳、竞走等项目为独具特色的体育传统,为我国体育事业做出了积极的贡献。

我们不能忘记,以何长工、刘型、高元贵为代表的历任领导一贯注重全面贯彻党的教育方针,重视培养学生德、智、体的全面发展,为我校体育活动的开展,在战略思想、统筹规划、投资修建功能齐全的体育设施、师资队伍等方面创造了得天独厚的条件。我们衷心感谢刘冠军、虞积刚、温树朴、赵守成等一批老体育工作者的辛勤耕耘与无私奉献;我们更难忘广大师生、历届校友将"为祖国健康工作50年"的响亮口号付诸实际行动,不管酷暑严寒,还是刮风下雨,坚持锻炼,从不间断,养成习惯,不畏艰辛困苦,顽强拼搏,把青春献给祖国的地质事业,谱写了一曲群众体育活动的赞歌。

二、颂传统,开创新路,立"地质大体育观"

1975年,学校南迁武汉,如何在新形势下继承原北京地院的体育传统,不断拓展和提高体育教学质量与水平,为此我们进行了大胆的探索、实践和研究,终于从理论到实践形成了"地大"体育的特色,创出一条新路。

实践出真知,苦练出精兵,我们在长期的教学实践中,深刻认识到,体育是保证人才德、智、体全面发展的一个有机组成部分,是整个大教育系统中的一个子系统。体育教学改革的目标一定要密切结合地质院校的培养目标。

教学规律,为完成地质院校培养地质专门人才的规格服务;体育教学的改革必须突破课堂教学、体育场馆的约束,贯穿于整个地质教育的各教学环节中;教学内容要突破老传统、经典体育项目的约束,贯彻"少而精",闯出一条体现地质工作自身特色体育传统项目的教学新路,突出特色,形成传统,展示优势。为了加强学生体能和意志品质的锻炼,我们结合地质专业特点,形成以登山、攀岩、中长跑、竞走、游泳、举重等项目为主要内容的课内外体育教育体系,既重视课堂教学,也重视课外第二课堂的教育,党、政、工、团齐抓共管,坚持了经常性、群众性和有效性。早在20世纪70年代末,我们就认识到,重点高等院校的体育教学在学校实现办学目标及发展战略中要有充分的体现,这就要求体育教学在遵循普通高校体育教学一般规律的基础上,结合地质工作的特点在实现普及体育知识、增强学生体质和心理品质的体育教学目标的同时,还要创办高水平运动队,积极参与国际体育交流及合作,深入开展体育科学研究,上述目标和任务的实施,决定了地质大学的体育教学必须是反映地质教育特色的、综合的、开放的、多样化和多层次的教学体系。我们将这种体现体育战略思想的体育教学体系概括成"地质大体育观"。

三、继传统,上新台阶,体育屡建殊勋

在"地质大体育观"的思想指导下,我们立足本校,放眼全国,走向世界,又取得了显著的成绩,跃上了一个新台阶。

由于我们长期坚持教学改革,坚持贯彻以增强学生体质为主、以普及为主、以经常锻炼为主的"三育"方针,把课堂教育与课外教育有机结合起来,使学生能较好地掌握基本知识、技术和技能,所以我校学生的身体机能和身体素质、形态指标逐年都有所提高。1985年全国大、中、小学体质测试调查统计结果,我校学生各项测试指标均优于湖北省和全国工科院校的各项平均数。由此,反映出我校学生

的健康水平和体质是较高的。

在1989年国家教委组织的全国第一次高校教学优秀成果奖的评选中,我校"结合地质专业特点,改革体育教学",从而荣获国家级优秀教学成果奖,得到了国家教委的奖励。

在1992年国家教委组织的第一次全国普通高校体育课程评估中,我校被授予首批"全国普通高等院校体育教学优秀学校"的称号。1993年,我校体育教学也被评为一类课程。

我们采用多种方式,通过多种渠道,不断更新知识,提高教师的知识水平和业务素质。除长期坚持集体业务学习和业务考核外,还用"走出去""请进来"的办法进行业务进修。从1980年至今,体育部共召开过7届体育科学报告会,共有126篇论文在各种报刊上发表或进行报告,其中在省级以上刊物上发表的论文有54篇,获省级优秀论文的有19篇,在国际上已刊出的论文有3篇,张雪琴同志的《试论新技术革命与体育运动现代化》获全国体育辩证法科学报告会二等奖。

在1992年全国首届高等学校体育科研报告会上,我校《结合地质专业的地质大体育观》一文被评为优秀论文并获奖,这是首次在体育范畴提出"大体育观"的论点,受到体育界的重视。

群众体育和专项体育结合,相辅相成,已形成我校的传统,我们一直坚持学生集体出早操制度,1991年朱训部长和国家教委朱开轩主任来我校视察工作时,曾亲自查看了我校的早操情况,给予了充分的肯定和很高的赞誉。

迁校以来,我们积极推行《国家体育锻炼标准》,并纳入教学计划和教师教学质量考核内容,取得了较显著的成绩,连年来,我校的达标率始终保持在90%以上,并年年被评为湖北省高校达标先进院校。我校1989年和1993年还两次被国家体委评为"全国群众先进单位",在第六届和第七届全国运动会上受到表彰并颁发了奖牌,1989年还被地质矿产部体育协会评为"全国地质战线群体先进单位",受到表彰。同时,我们仍然十分重视普及与提高的结合,加强对运动队的训练和管理,使我校体育运动技术水平有了显著的提高,我校重点项目的运动队在全国及全省大学生比赛中都取得了优异成绩,为湖北省和我校争得了荣誉。

1982年在北京举行的全国首届大学生运动会上,湖北省田径代表队25名队员中有22名是我校的学生,全队顽强拼搏,荣获团体总分第一名,并被大会评为"精神文明运动队"。

1992年第四届全国大学生运动会上,中国地质大学(武汉)参赛的21名田径和羽毛球运动员全部获得名次,共夺得10枚金牌、7枚银牌、4枚铜牌,其中羽毛球囊括了全部5枚金牌,这届运动会为鼓励各校赛出成绩,设立了"校长杯",参加"校长杯"角逐的是通过全国普通高校体育教学工作评估产生的体育先进院校,共有106所,我校以252分的突出成绩名列"校长杯"之首。体育部温树朴同志获"全国老体育教师"称号,我校获湖北省政府授予的"贡献奖"。

1993年接受了国家教委对我校课余训练及试办高水平运动队工作的评估,最后以92分的高分被评为"全国普通高校课余训练优秀学校"的称号,受到了国家教委的表彰。

登山运动队从某种意义上讲,成为反映一个国家的政治地位、综合国力、全民素质、民族精神和国家尊严的重要窗口。结合地质专业特点的传统体育项目——登山,在我校迁校后又进一步得到了发展,从1984年至1993年我校登山队先后与日本长野登山队和神户大学合作,联合攀登阿尼玛卿二峰和雀儿山主峰获得成功,参与海峡两岸联合攀登珠穆朗玛峰也获得了成功。此时,我校已有3名校友登上珠穆朗玛峰,占6名登顶汉族运动员中的一半,他们是:王富洲——第一位实现我国从北坡登顶成功

(1960年)、李致新——实现了举世瞩目的双跨主峰的壮举(1988年)、王勇峰——实现了海峡两岸联合登顶成功(1993年),这是我们祖国的荣耀,也是地大人的光荣!

攀岩是登山运动派生出来的一项新兴的体育项目,也是登山运动中唯一的竞赛项目。1990年在中国地质大学(武汉)举办了由12所地质院校体育教员参加的攀岩教练员训练班,为普及这项运动培养了一批骨干。此后,多数院校将攀岩技术纳入体育课教学,相继组建了攀岩队。这支队伍也就成了我国竞技攀岩的基本力量,并在以后的比赛中都取得了较好的成绩。从1987年第一届"中软杯"全国攀岩比赛起,现已举办了5届地矿部院校和7届全国的攀岩比赛。在历届比赛中,我校攀岩队都取得了团队和个人前3名的好成绩,尤其是在全国的攀岩比赛中,我校队员和兄弟院校联合组成的地矿部代表队以绝对的优势,连续4届获全国比赛的团体冠军和男女单人攀登第一名,从而极大地鼓舞了地质战线职工的士气,突出了地质专业与体育运动相结合的特色,有力地促进了群众性攀岩运动在地质院校的广泛开展。1993年10月,我校与武汉电视台、武商集团服装大世界在武汉洪山体育馆联合主办了中国首届国际攀岩邀请赛,我校代表队在有日本、乌克兰、俄罗斯等强手如林的高水平比赛中,不但取得了女子单人攀登的第二名,还获得了团体比赛的冠军。

为了尽快提高我国的攀岩水平,适应国际比赛采用人工攀岩壁的新趋势,中国登山协会、地质矿产部和学校联合投资在学校体育馆建成了中国首座人工攀岩壁,它的建成标志着我国攀岩运动进入了一个新阶段。这个攀岩壁共3座,高15米,可调成直角、仰角和俯角以及屋檐形的多种角度,较为先进,从而适时顺利地迎接了地矿部第四届和全国第六届攀岩比赛。经使用,效果良好,受到了专家们的高度赞扬和肯定,并被誉为"亚洲第一壁",吸引了众多的登山攀岩爱好者和观众,从而也引起了轰动效应,仅采访的记者就有100多人。新华社、《人民日报》《体育报》《长江日报》等多家新闻单位进行了报道,中央广播电台和中国国际广播电台等都以专题新闻进行了宣传。它的建成也填补了我国这一体育设施的空白,并为我校体育运动锦上添花,中国地质大学也因此而享誉国内外。

我校羽毛球队曾于1992年代表中国大学生参加了在瑞典举行的第二届世界大学生羽毛球锦标赛,获得了一枚铜牌。同年应邀参加了俄罗斯鲍乌曼国立工业大学举办的国际"宇航杯"羽毛球邀请赛,获得全胜。我校羽毛球队受国家教委指派,一行8人于1994年4月27日—5月1日赴捷克首都布拉格代表中国大学生参加了第三届世界大学生羽毛球锦标赛,获得了女子双打金牌、男子单打银牌、女子单打两块并列铜牌。这是中国大学生和中国地质大学首次夺得世界冠军。女双冠军获得者:樊林华(92级本科生)、毛亚琴(92级文秘专业本科生);男单冠军曾庆国(93级本科生);女单并列第三名:樊林华、毛亚琴。领队兼教练是胡燕生。

国际级和国家级运动健将是我们国家对高水平运动员获得成绩的标志与鼓励,也是一个国家和一个单位体育成绩的重要标志之一。原北京地质学院培养出11名运动健将,当时在北京和全国普通高校中就处于领先地位。迁校后几年又涌现出9名运动健将,他们为地质大学屡建殊勋。

我校国家级运动健将光荣榜（1994年前的统计）

姓名	性别	项目	时间	备注
陈秉渊	男	举重	1959	
李孟起	男	棒球	1959	
魏燕来	女	垒球	1959	
鄂秀满	女	垒球	1959	
王富洲	男	登山	1960	
袁扬	女	登山	1960	
王贵华	女	登山	1960	
丛珍	女	登山	1960	
彭淑力	男	登山	1960	
高正铨	男	田径	1960	
潘春义	男	田径	1961	
王鸿宝	男	登山	1975	
李致新	男	登山	1989	国际级
佟璐	女	登山	1990	国际级
吴芳	女	田径	1991	
陈宏	女	马拉松	1991	
李洪	女	田径	1992	
陈燕	女	田径	1992	
刘丽萍	女	田径	1992	
郭健	男	田径	1992	
王勇峰	男	登山	1993	国际级

群体活动的极盛时代①

姚秉忠

姚秉忠：北京地质学院61级地质系地球化学专业23611班，66届毕业。原地矿部政治部宣传部副部长兼体协秘书长，直属部机关党委常务副书记，副研究员，地质出版社社长。

经过一天多紧张激烈的比赛，地质矿产部第二届田径运动会即将进行闭幕前最激动人心的几项接力决赛。运动员已经在接力区就位，观众阵阵骚动之后，顿时肃静下来，人们翘首以待。随着清脆的发令枪声，各道健儿风驰电掣向终点冲去，看台上欢呼声、加油声响彻云天，一位衣着印有中国地质大学徽志的小伙子一马当先，以有力的冲刺率先撞线。作为运动会的总指挥，我在主席台上情不自禁地为校友的胜利而忘情地、热烈地鼓掌，接着便自告奋勇地代表组委会为优胜者授奖。当我把华光闪闪的金质奖章挂在4位校友脖子上的时候，顿时产生了一种欢快的感觉，似乎他们中的一员就是我自己，一种久蓄于体内的运动员的条件反射迸发出来，使我的脉搏骤然加快，热血沸腾，望着激动人心的竞赛场面遐想万千……

1961年9月初，首都秋高气爽，又一群血气方刚的青年，进入了向往已久的北京地质学院，偌大的校园使同学们惊叹不已，而我们几个体育爱好者，尤其欣赏那两块标准的田径场、游泳池，一大片篮球、排球场，一排排肋木、铁秋千、单双杠，一副副杠铃、伏虎排列在田径场的四周。呵！在中学里哪能见到这样大规模的体育设施！当时，正值国家暂时困难时期，粮食定量低，副食也差，尽管小伙子、大姑娘们常常被腹饥所困扰，但锻炼身体的风气之盛出乎意料。清晨，马路边跑道上布满人群，老师、同学相伴长跑争先恐后。课外活动时间更是热闹非凡，赛篮球，打乒乓，举杠铃，打秋千，降伏虎，好像天天在开运动会。不用年级主任叫，也用不着班主任催，锻炼身体就像必修课。渐渐地同一些老大哥、老大姐们混熟了，谈起为啥锻炼身体的同学那么多？"搞地质的将来跋山涉水，天涯海角，身体不好怎么行？"几乎都是这么说，怪不得大家那么不约而同，目标明确必然乐此不疲。

那时候，除了自行锻炼外，不同层次的比赛也非常多，高档的有新生运动会、全院运动会，中档的有系运动会，低档次的也是大量的，便是班与班之间的某项对抗赛、篮球赛、排球赛，完全是"民间的"。体育委员之间一拍板，回去一通知，常常全班出动，参赛的、助威的，大家都可以找到自己的位置，不由你不卷入。要说体育课当然极认真了，多数同学都能出色地完成大纲要求，得个优良成绩。体育课的内容也特别丰富，田径、球类、体操、武术，而至今难以忘怀的就是登山课。具有行业特色的登山运动项目，作为在校生必修内容自从学校培养出登山家王富洲、袁扬以后，备受同学们的青睐。在实习地点现场上课，大家兴趣特别浓，听艾顺奉老师、朱发荣老师讲授要领，个个急于穿上笨重的登

---

① 此文原载于由安静中、濮长萱主编的《江山作证》一书中。

山靴,捆好结组绳,揣起冰镐一步一撑试着爬坡,蹒跚得像个80岁的老妪,心里却得意得像自己快要登上珠峰的顶点。而那些个子小的女同学被10多斤重的登山靴拖得迈不开步,引起男同学一阵阵善意的哄笑。就是在北京地质学院这个登山运动员的摇篮里,培养出了一代又一代著名的登山英雄,仅就从北坡登上珠穆朗玛峰之巅的运动员而论,迄今为止仅有的6名汉族运动员中,竟有3名毕业于我们的母校。

看台上又响起了欢呼声,比赛在继续着,热闹的场面把我的思绪又带到了北京市第十届高校运动会。1966年5月,第十届北京市高校运动会在母校田径场进行。早在一年前,全院以迎"十运"为中心,各方面都动员起来,体育热理所当然地急剧升温,群体活动的热潮一浪高于一浪,作为代表我校参赛的田径队员,我们更是投入了大强度训练。当时,我是十项全能的主力,提前从山东实习点抽回来集训,每天至少要训练5~6小时,运动量很大,想到自己即将毕业,也许是最后一次为母校在运动方面做贡献了,所以训练特别自觉、刻苦。十项运动两天中要比赛10个项目,势必要求运动员速度、技巧、力量、耐力全面发展,我的身材条件并不好,没有太突出的强项,胡燕生、熊慕侠两位老师给我制订了确保优势项目正常发挥、提高弱项争取有分的战略,常常陪着我一起训练,做示范,卡时间,与我一样浑身是汗、是土。负责短跑、中长跑、投掷项目的仲老师、张老师、陈老师,也帮我纠正动作,提高速度耐力。两个多月下来,运动成绩有了明显提高。在代表队成立誓师大会上,听着院领导的动员,我们全体运动员都很激动,纷纷表示要赛出成绩、赛出风格,为地院争光,我们的目标是团体总分进入前五名。战幕一拉开,争夺相当激烈,我校运动员靠天时地利人和之利,频频取得好成绩,与清华、北大、师大、钢院并驾齐驱,团体总分交替上升。我第一天5个项目比赛累计积分一直在三、四名之间变动,胡、熊二位教练比较满意。回去的路上,许多相识和不相识的同学都赞许地同我打招呼,鼓励我加把劲。晚上,领队老师、年级主任以及同班同学又来慰问,看到老师和同学的期望,我决心在第二天的5个项目中拼一拼,争取更好的成绩。

但是,天有不测风云,第二天第一个项目110米高栏,我在跨第8个栏时,踏跳腿在栏上稍稍挂了一下,身体失去平衡,步履打乱,勉强倒步跨越第9、第10栏冲过终点,成绩大受影响,更要命的是左侧腰肌扭伤,疼得转不过身来,我不好同教练讲,也不能向队友讲,怕影响别人的情绪,就打了封闭继续比赛,但不及平时训练时的成绩。第九项结束时,累计积分已降到第10名,我很苦恼,教练也直皱眉头。此时,整个运动会比赛快要结束,就剩下几项接力和我们十项全能最后一项1500米的比赛了,各校都在算自己的总分,清华、北大、师大前三名已成定局,而第四名属谁?是地院还是钢院谁上谁下就看这几个项目的比赛,而钢院总分还比我校多2分。男女接力两家各有千秋,增加的分数差不多,也就是说,谁家抢到第四名,就看十项全能的结果了。当胡老师向我陈述这个严峻的消息时,我特震惊,头皮都发麻,最后1500米的分量有多重?真正到了难得拼一拼的时候了。我躺在草地上边揉受伤的腰肌,边思索怎么跑出好成绩。胡老师过来问我怎么样,我说只有拼了,因为钢院两名运动员居八、九名,老对手,我知道他们1500米的成绩不如我,但我必须超他们15秒钟,才能使累计积分超过他们。此时主场接力已结束,果然两校得分相等,钢院仍然多我们2分,就是说胜败确实在我的肩上,强刺激使我亢奋起来,深吸几口气站在起跑线上,枪声一响,我毅然猛冲到前面领跑,300米、700米过去了我还领先,腰伤似乎不痛了,只觉得阵阵麻胀自左腰向全身放射,接下来手足有点不听使唤,机械地迈动着,第三圈时有两人超过我,场边的呼喊声震天响,我听不清是在鼓励我加油,还是他校同学在为超过我的运动员叫好。我好像顶不住了,越跑越慢,后面又有接近的脚步声,突然间我想到"全院总分不能输在我手里",这念头一上来,顿时又有了力气,我双手叉在腰上,抑制疼痛扩散,大步赶上去。报告最后一圈的枪声响了,一惊之下使我紧蹿十几步,超过第二位逼近第一位,跑过弯道极限来临,我呼吸困难,全身发麻发跳,好像马上就要倒下来,咬紧牙关继续下意识地迈步,不知道最后100米是怎样闯过来的,一过终点线便重重地瘫倒在地,几位同学把我抬到医务棚内,大夫紧急处置,折腾了十几分钟才缓过来。由于1500米跑出好成绩,我的累计积分跃到第六名,这使我校总分反超钢院,取得团体第四名,我在其他运动员的基础上做出了应有的贡献,实现了预期目标。我校师生皆大欢喜。作为奖励,团部决定由我代表学校去领第四名的奖牌……

眼前的景象多像当年的喜庆场面,4位校友从领奖台上下来后,自然是相互握手祝贺,一起合影留念,兴高采烈地交谈,围绕着母校体育工作这个话头,谈得很热烈也很骄傲。自母校搬迁武汉不久,群众体育的老传统迅速恢复起来,几任校领导都非常重视学生德、智、体全面发展,关心体育工作并身体力行,在职能部门和学生会、校工会强有力的组织发动下,全校体育热经久不息。每当清晨嘹亮的军号声刚刚响过,教职工、同学们便涌向了运动场、马路和空地,练长跑、做广播操、打羽毛球、练气功……随处可见锻炼身体的人们,校园内一派生机。目前不少院校学生作息制度不正常,夜里不睡、早晨不起床,地大学生坚持全体出早操而且几年如一日,真是难能可贵。据说武汉有关部门和一些院校的领导同志,多次悄悄前来观摩,果然名不虚传,非常佩服地大的校风。我也曾将信将疑悄悄观摩,但见满运动场人头攒动,整整齐齐的广播操队伍使人惊叹不已,心悦诚服。母校的体育代表队更是抖了威风,没多久就冲破华中工学院独占鳌头,成为湖北省高校体坛的一"霸"。近几年母校培养出多名运动健将和一大批一级、二级运动员,向国家输送了李致新、王勇峰、佟璐等新一代登山英雄;几十名运动员代表湖北省参加了全国大学生运动会,并取得几了十枚金牌、银牌和铜牌,使中国地质大学名震江城,风流三镇。为了表彰母校重视群体工作和斐然成绩,国家体委两次授予母校"全国群众体育先进单位"的光荣称号,部、省、市的表彰更是不计其数,真是青出于蓝而胜于蓝。

《"地大人"为此而自豪》《群体活动的极盛时代》均摘自《江山作证》一书中

关于给予中国地质大学(武汉)体育奖励的建议

部领导：

喜闻中国地质大学(武汉)运动队代表湖北省大学生在第五届全国大学生运动会上取得十分可喜的成绩,获乙组男 女团体总分第一名和体育道德风尚奖,继1992年第四届全国大运会后再次勇夺"校长杯"和"全国体育优秀学校"的称号,受到国家教委的表彰。实现了宋部长鼓励再次夺取"校长杯"指示的目标。

为了表彰和鼓励中国地质大学(武汉)奋勇拼博、勇攀高峰的地大人精神和为学校的发展建设所做出的贡献。我们建议给予以下奖励：

1. 授予中国地质大学(武汉)体育部为1996年"体育先进单位"；

2. 奖励中国地质大学(武汉)10万元奖金,作为试办高水平运动队发展基金。鼓励高水平运动队办出高水平；

3. 按中地大(汉)财字(1996)07号："中国地质大学(武汉)关于申请参加第五届世界大学生羽毛球锦标赛和攀登希夏邦玛峰经费的请示",对所需部分经费(35万元)的申请给予批复,以确保比赛正常进行。

以上意见妥否,请批示。

部教育司
一九九六年九月

1.1985年，中国奥委会主席、国家体育运动委员会（简称国家体委）副主任何振梁同志来我校体育馆参观，座谈

2.1986年，我校成为湖北省政府命名的第一所省体育先进院校。图为梁淑芬副省长在向我校副校长王兆纪授旗

3.2000年9月在第六届全国大学生运动会期间，召开了中国大学生体育协会代表大会，我校副校长杨昌明（左一）当选为副主席

1992年，地矿部部长宋瑞祥在赵鹏大校长的陪同下参观体育部展室

中国大学生羽毛球协会于1996年12月27日在我校成立，原国家教育委员会（简称国家教委）副主任、中国大学生羽毛球协会名誉主席邹时炎同志与我校校长赵鹏大院士在揭牌后亲切握手

1986年在北京参加全国地矿系统田径运动会后,全国地质院校体育部主任合影

1991年湖北省高校体育卫生工作评估组到我校进行评估后留影

1992年在武汉召开的第四届全国大学生运动会开幕式上,湖北省代表团副团长地大副校长张锦高率队入场(最前第一人)

地大校领导与参加第四届全国大学生运动会的我校运动员握手壮行(1992年)

2013年8月地大(武汉)90年代部分运动员在山东威海聚会,原地大校长张锦高及凌敬昇教授应邀出席

1992年,我校运动员代表地矿部参加了全国田径运动会预选赛,受到了地矿部和学校领导的接见

2002年,我校体育部全体人员在50周年校庆大会后合影

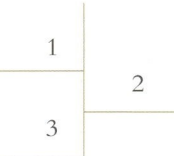

1. 庆祝地大建校50周年大会后，原北京地院体育教师与学校50年代优秀运动员高正铨、潘春义合影
2. 庆祝地大建校50周年大会后，地大（北京）体育部教师与原北京地质学院老体育教师合影
3. 20世纪80年代我校教工足球队与体育部老师进行联谊活动合影

1. 1990年在烟台召开地质体育协会第二届理事会上，我校被评为全国地矿系统体育先进单位
2. 地质体育协会秘书长姚秉忠（右）与我校体育部胡燕生主任（中）和地质体协副秘书长郭兴（左）合影
3. 1983年，武汉地区高校运动会在我校举行，图为校运动会组委会成员合影

1. 运动员校友联谊会第二届常务理事会2012年3月在中国地质大学（北京）召开
2. 2012年参加90年代运动员校友会成立时运动员参观我校化石林
3. 1964年，胡燕生参加北京市教工运动会跳远比赛
4. 1987年胡燕生参加第六届全国运动会，并担任田径裁判工作

1964年,我校教职工田径队参加北京市高校运动会获奖归来后受到以高元贵校长(二排右四)为首的校领导的接见(后排右六胡燕生、前排右五熊慕侠)

我校羽毛球队代表中国大学生参加了在捷克举行的第三届世界大学生羽毛球锦标赛,夺得一金、一银、一第四名回国后,教育部大学生体育协会在北京举行了庆功会,时任教育部副部长周远清和体卫司、地矿部的领导出席(1994年)

中国大学生羽毛球协会在中国地质大学(武汉)成立(1996年12月27日)

国务院副总理李岚清同志在湖北省委书记关广富同志和地大校长赵鹏大教授的陪同下，到中国地质大学(武汉)体育馆参观攀岩壁并观看运动员的表演(1994年)

王家映副校长到校医院和体育部检查贯彻《学校体育、卫生工作条例》情况，为迎接评估检查做好准备(1995年)

时任国家教委主任朱开轩在赵鹏大校长的陪同下,参观我校体育馆,听取开展体育工作的情况介绍,并现场观看了学生集体出早操实况(1991年)

1996年在西安召开的第五届全国大学生运动会上,我校被评为贯彻学校体育、卫生两个工作条例的先进院校。湖北省六所高校颁奖后合影(中国地质大学、武汉大学、华中科技大学、华中师范大学、武汉冶金科技大学、荆州师专)(左二胡燕生、左三尤泽贵为本画册书写"寿"贺联)

赵鹏大校长在北京与原北京地质学院的体育老师合影（1996年）

温树朴教授1996年被国家教委授予全国"优秀老年体育教师"。1997年胡燕生与原北京地质学院年近90岁高龄的体育老师——温树朴（左图右一）、虞积刚（右图中）合影

胡燕生与中国大学生田径协会竞赛部副主任、北京科技大学体育部主任黄平球合影（1994年）

在土耳其参加第五届世界大学生羽毛球锦标赛期间与地大（武汉）原体育部副主任张军、郑超在伊斯坦布尔欧亚分界线的地方留影（1998年）

胡燕生在20世纪70—90年代多次担任湖北省及全国田径比赛的发令员，1985年被评为全国优秀裁判员

胡燕生与教育部大学生体育协会秘书长助理、全国大中学生体育协会常务副主席王刚合影（2007年）

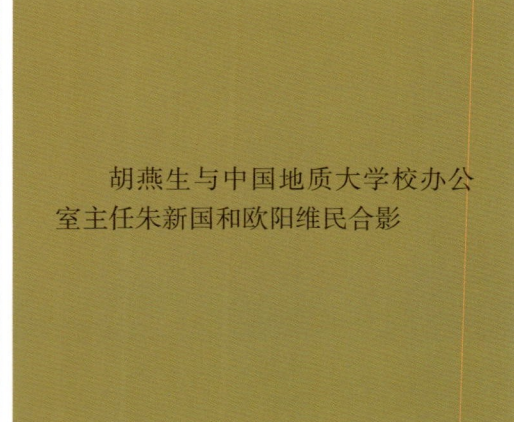

胡燕生与中国地质大学校办公室主任朱新国和欧阳维民合影

1. 在大连参加第二届全国大学生运动会，湖北省高校田径代表队教练老师们合影（1984年）

2. 第六届全国大学生田径锦标赛技术代表、仲裁委员合影

3. 第四届全国大学生运动会羽毛球比赛在地大体育馆举行，地大的运动员夺得了全部5个项目的冠军，教育部副部长邹时炎参加颁奖仪式后与我校分管体育工作的校领导的合影（1992年）

湖北省高校体育协会主要成员在武汉地区高校运动会后的留影（1994年）

地大羽毛球队在法国参加第四届世界大学生羽毛球锦标赛回国后，受到中国大学生体育协会和教育部体卫艺司领导的接见（1996年）

1999年全国大学生羽毛球锦标赛在集美大学举行期间大学生羽毛球协会常委班子合影

胡燕生在我校体育部任职期间与负责行政后勤部门工作的同事们于2015年5月在体育馆前留影

三 立足校园 开拓视野

LIZU XIAOYUAN KAITUO SHIYE

胡燕生老师在任职期间,在做好学校体育工作的同时,采取"走出去,请进来"的方针,进行了广泛的国际交流,学到了经验,宣传了学校,锻炼了队伍,扩大了中国大学生的国际影响。在中国大学生体育协会和湖北省教育厅的大力支持下,1992年胡燕生老师首次带领学校羽毛球队赴瑞典参加第二届世界大学生羽毛球锦标赛,后又连续5届带队参加在捷克、法国、土耳其、保加利亚举行的世界大学生羽毛球锦标赛,并取得了较好的成绩。

1988年,学校登山队与日本神户大学登山队联合攀登上四川境内海拔6168米雀儿山。这次登山活动是地大南迁恢复学校登山协会后组织的首次独立组队参加的国际性登山运动,恢复了传统,总结了经验,培养了新一代登山队员。

1997年8月,地质矿产部和地大联合组队与日本长野县登山队合作联合攀登了西藏境内海拔8012米希夏邦玛峰。现在中国登山协会工作的张志坚、马欣祥、次洛以及现任地大(武汉)体育部主任董范(2012年登上珠峰)都是那次参加攀登希夏邦玛峰我校的登山队员。1993年,学校在中国登山协会、武汉电台、武商集团的大力支持下,成功举办了中国首届国际攀岩邀请赛,有俄罗斯、德国、瑞士、日本、韩国、泰国及中国香港地区等运动员参赛。中央电视台播音员宋正平应邀在比赛现场进行了直播。国务院副总理李岚清在武汉视察工作时还参观了我国首个室内人工攀岩壁,观看了运动员的攀岩表演,并接见了地大女运动员刘淑芝同学。刘淑芝曾获得在我国举办的首届国际攀岩邀请赛女子个人难度攀登第二名。这一系列活动有力推动了攀岩运动的普及与发展。

祝两校联合登山成功
祝两校合作继续加强

中国地质大学(武汉)校长

赵鹏大　教授

不久前,中国地质大学(武汉)和日本神户大学两校的体育健儿联合成功地登上了雀儿山顶,这标志着两校的友好合作已经取得了可喜的成果,登山的组织工作和登顶本身一样,难度很大,但我们都一一克服了。这说明,只要双方具有真诚合作的愿望,通过共同努力是可以克服一切困难,胜利达到目的的。

我们两校都有进一步扩大合作领域的愿望,中国地质大学(武汉)是一所具有多种地质类学科的综合性大学,她的目标是建成一所现代型、开放型和国际型的大学,日本神户大学也是一所著名的综合性大学。我们两校在各个领域的亲密合作必将创造出更丰硕的成果,必将对两校的进一步发展产生重大影响,祝我们两校的友好合作继续加强。

1988年11月

增进友谊　攀登高峰

中国地质大学(武汉)副校长
中国地质大学(武汉)登山协会主席
中国地质大学(武汉)　　联合登山队名誉队长
日　本　神　户　大　学
杨巍然　教授

1988年9月24日、25日中国地质大学(武汉)与日本神户大学联合登山队各7名队员，先后分3批登上了中国四川境内又一座处女峰——雀儿山主峰，在中日两国登山史上谱写了光辉的一页。

雀儿山位于世界屋脊——青藏高原的东北缘，其高度虽仅6168米，但奇峰屹立，冰雪环抱，白云缭绕，被视为"圣山"。两校登山健儿在充满艰险的征途中，相互理解、信任、支持和帮助，发挥了各自优势，用群体力量登上了主峰。这一胜利是队员们心智和体能的升华，更闪烁着团结、友爱的光辉，在中日友好的百花园中又增添了一朵美丽的鲜花。

雀儿山在地质上处于青藏、华南和华北塔里木三大板块交汇地区。两校登山队员撞进了这个神秘的三角地带，在登山的同时，观察地质、地貌现象，采集标本，进行摄像，取得了宝贵的科学研究资料，也为两校更增友谊，再攀高峰，在登山科考、学术交流、培训人才诸方面取得更大的进展。

1988年10月

友谊的赞歌

中国地质大学(武汉)
日本神户大学　　　　联合登山队队长
胡燕生　教授

  中国地质大学(武汉)与日本神户大学根据1987年11月签订的友好协议书,于1988年9月进行了雀儿山的友好登山活动。经过双方队员的团结协作、奋力拼搏,终于在9月24日、25日两天内分3批,中日双方各有7名队员登上了中国四川境内的又一座处女峰——雀儿山主峰。我作为这次联合登山队的总队长,亲身经历了这次登山活动。这次登山的成功,是人类对自然的又一次挑战,同时也是我们大家相互之间友谊的结晶。

  这次登山活动自1988年9月2日在成都集中开始,9月4日便离开成都,沿康藏公路进山。途中多次遇到山路滑坡,致使交通屡屡中断,几经周折,才于9月11日到达预定的大本营。9月12日,攀登活动开始。因为气候多变,选择和建立一、二号营地。这时,也才较清楚地看见了雀儿山主峰。9月23日,开始第一次突击主峰,但因过猛的暴风雪而未成功。9月24日、25日又奋战两天,终于实现了登顶成功。9月26日全体队员安全撤回到大本营,27日离山,30日返回成都,共历时26天。10月6日,中日双方队员到达中国地质大学(武汉)。10月7日,中国地质大学为此举行了隆重的庆祝大会。中国登山协会、地质矿产部和湖北省有关方面的领导,以及10家新闻单位的记者前来参加祝贺,日本神户大学山岳协会长平井一正先生也专程来汉参加了这一庆祝活动。10月12日,日方队员经上海回国,圆满地结束了这次联合登山活动。

  雀儿山山脉位于中国四川省甘孜藏族自治州的西北部,地处青藏高原边缘,在地质上属于两个大陆板块的碰撞挤压带。这里山体庞大,地形复杂,气候恶劣,气温低,而日照强,比高原内部湿润而又多雪。雀儿山山峰挺拔屹立于群山中,终年银装素裹,白云缭绕。世世代代生息在它脚下的勤劳勇敢的藏族人民,把它看成是神的化身,称它为"圣山"(雀儿山,藏语"圣山"之意),也许这也是吸引着我们去冒险、去探索的原因。1988年4月,中国地质大学和日本神户大学曾对该山进行了侦察,正如中国唐代大诗人李白的著名诗句所言:"噫吁嚱!危乎高哉!蜀道之难,难于上青天!"况且这次我们却要在根本就没有"道"的冰川上踏出"道"来,上到"青天"之上,其难度可想而知。但是,中日两国运动员不畏艰险,凭着自己坚定的信念、顽强的毅力、强壮的体魄和娴熟的技术,互相帮助、互相鼓励,在冰天雪地里携手奋战16天,把人类活动的第一排足迹清晰地印在了海拔6168米的雀儿山主峰峰顶,并在世界登山史上第一次同时升起了两面不同国别的大学校旗。巍峨险峻的雀儿山,因此而成了中国地质大学和日本神户大学友好合作的象征,并为中日两国大学生之间的友谊献上了一曲美丽的赞歌。

  当两国国旗在雀儿山顶峰随风飘扬的时候,大家都抑制不住内心的激动,我能有幸参加这一激动人心的盛事,感到由衷的高兴,山上那一幕幕令人难忘的场面,至今还十分清晰地留在我的脑海之中。记得那是在大本营纪念中秋节暨登顶成功的晚会上,胜利凯旋的中、日队员们,围着熊熊燃烧的篝火席地而坐,畅谈着登山感受时的情景,虽然每个队员的经历、体验各不相同,但有一点是共同的,那就是"友谊万岁"!是的,在一个集体中,再没有比友谊更珍贵的了。友谊是团结的基础,友谊是力量的源泉,友谊是胜利的保证。

为了增加中日两国大学生之间的相互了解,在这次登山活动中,我们总是混合编队。虽然大家语言彼此不通,习惯也不相同,但一切都那样的默契与协调。好像是早已熟识的老朋友似的。路途中,一口水、一块饼干,大家总是分着喝、让着吃。在营地里,大家住在一起,一个锅里吃,一个帐篷里睡,更像是一家人。大家为友谊而来,所以大家也都为能加深我们之间的友谊尽微薄之力而高兴。

北口博教先生作为日方队长、前线指挥,不但对队员严格要求,而且身先士卒,越是艰险越向前。从4月到9月,由于气候转暖,冰川退缩,4月份侦察时确定的由BC到C1的路线不复存在,这次必须重新选择路线。在由中、日双方队员混合编组的侦察组对岩石壁和冰川的两条路线侦察均告失败之后,他亲自带领几名队员不畏险阻,从一条岩石的裂隙中找到一条可以到C1的路线,为这次登顶的成功立下了头功。北口博教先生多次对我说:"这次登山,如果有一方队员因为某种原因而未能登顶,就不算是胜利,因为我们是联合登山队。"为这,当他看到中方一名新队员冰雪技术不熟练时,自己就牺牲休息时间,专门抽出几个小时对这位队员进行了专门的训练和热情的帮助,使他很快地掌握了登山的基本要领,并最后胜利地登上了顶峰。他的这种友好合作的精神,给我们留下了极其深刻的美好印象。

杉本直子是位女队员,但她从不因自己是一位女性或体力原因比男队员少干一点,而是处处抢活干。一天的疲劳行军结束之后,有的男队员已经休息了,可杉本直子却还是总忙着烧水做饭,直到最后才肯休息。她把尽可能多的温暖送给中、日双方的每个队员。记得刚到BC时,中方有名队员因淋雨而感到身体不适,她就主动配合中方医生一起护理这名队员,每日测两次体温,送水送药从未间断。使这位队员在最短的时间内得到了康复。更令人钦佩的是在二号营地行军时,她一不小心掉入了一个约5米深的冰裂缝中,而对突如其来的危险,她面不改色、态度沉着。在队友们的帮助下,硬是一步步地爬了上来,表现了一名登山队员顽强的意志品质和不畏艰险的胆略。

在整个登山过程中,上述事例不胜枚举。这次登山,中、日双方新队员较多,大家都是从低海拔很快地上到了4500米以上,由于山高缺氧,都有些反应,但没有一名队员因此而找借口推脱任务。竹内铁二君自进山之后,身体一直不太好,但他以顽强的毅力坚持着,一声不吭,直到最后登顶成功。中方刘亚非医生,这次已是第三次参加登山活动,前两次都因护理伤病员而失去了登顶的机会,这次他多么想能和大伙一起站在高山之巅分享成功的喜悦。可是,在突击主峰的前一天,前线指挥北口博教先生含着眼泪宣布了指挥部的命令,决定由他和女队员曹文华担任接应任务而不参加登顶时,他哭了,在场的所有队员都哭了,他和队员们为他又一次失去登顶的机会而感到惋惜,可是接应任务是不可少的,为了大局,为了友谊,他服从了决定,并出色地完成了任务。

还有这次担任翻译的孟宪国,他不但在中、日双方的领队和队员之间架起一座语言桥梁,而且以一名普通队员的身份,胜利地登上了顶峰,他为这次中、日大学生之间的友谊做出了贡献。

这次登山活动的目的在于发展我们的友谊,而我们的友谊又为我们胜利登顶打下了坚实的基础。日方的船原尚武、川端充和中方的董范、马新祥、张志坚是几名老队员,他们有一定的经验,体力好、技术比较熟练,在这次登山过程中,他们几乎一直走在队伍的最前面,搭桥、开路,是友谊的纽带把他们连在了一起,使他们克服了一道道难关,把上"天"的路一直铺到了主峰脚下。武智大介、崛洋、张军、郑超、张伟身体素质好,他们担任着搬运物资、食物的重要任务,体力消耗相当大,友谊使他们互相鼓励、相互支持,不但较好地完成了运输任务,而且最后也全部登上了雀儿山的最高峰。

如果说在没有登顶以前,友谊是深埋在地下的岩浆,只以它的默契与和谐默默地传送着温暖的话,那么当人们站在了山顶上,站在日夜为之奋斗的顶点时,岩浆喷发了,它冲破了一切,形成了一个友谊的火山,9月24日下午当中、日两国登顶队员站在雀儿山顶峰的时候,就形成了这么一个"火山"。队员们互相拥抱着、哭着、笑着、喊着、叫着,忘记了疲劳,忘记了寒冷,忘记了已有一天多未进食物,甚至于忘记了这是站在只有十几平方米的一个斜缓坡上,而缓坡两侧则都是悬崖。这是多么激动人心的时刻呀!我们在这人迹罕至的地方奋战了十几天,不就是为了这个时刻的到来吗?登顶成功了,这些队员们没有忘记一直在支持、鼓励和一直在指挥着他们的大本营及C1的接应队员。他们及时处理报话机并向BC和C1致敬,向所有支持和鼓励他们的朋友们致意。两国大学生的校旗打开了,几双不同国籍的手紧紧地握在了一起。在这从未有人活动过、几乎没有生命的银色世界里,两校的校旗迎风飘扬,就像两团熊熊燃烧的烈火,它是两所大学之间神圣的友谊之火。

雀儿山,友谊的山,你是中国地质大学(武汉)和日本神户大学友好合作的象征,你是中、日两国大学生友谊的见证。虽然这次难忘的登山活动已经结束,但作为中国地质大学(武汉)和日本神户大学两校学生之间的第一次合作,这还仅仅是一个开端。这次合作的成功为我们两校今后在更广泛的领域内进一步合作开辟了广阔的前景。我相信,在我们两校的不断努力下,定会再成功地进行第二次、第三次的合作,我们期待着!

如果我们把雀儿山上那皑皑白雪比作一张洁白的纸,那么踏在这白雪上的行行脚印就是那白纸上的条条乐谱,而站在这行行脚印中的我们,就是那乐谱中的一个个音符,如果我们给这个乐曲取个名字,我们就叫它"友谊的赞歌"。让我们高声把这"友谊的赞歌"唱下去吧!一直唱下去,世世代代,永永远远。

1988年10月

友谊的桥梁——中日大学生登上了雀儿山

中国地质大学(武汉)登山队队长

朱发荣　教授

中国地质大学(武汉)与日本神户大学联合登山队,经过16天的艰苦奋斗,由1988年9月24日、25日分3批各7名队员成功地登上了中国四川省甘孜藏族自治州德格县境内海拔6168米的雀儿山主峰。这是中日两国大学生友好合作、团结奋战的结果,也是世界上两个国家的大学在登山领域共同征服高山的先例,这对进一步发展和促进两国群众性的登山运动具有一定的积极意义。

这次活动是在中国登山协会的支持和帮助下,经过两校的共同努力,尤其是在神户大学山岳部部长平井一正教授的亲切关怀下,中国地质大学(武汉)登山协会与日本神户大学山岳协会结成兄弟友好关系,并签订了登山协议书。在此基础上进行的协议书明确了活动的目的,规划了形式和内容,尤其在经费等具体问题上本着互谅的精神,也详细地进行了研究并取得了一致意见,对中国和日本共同进行登山科考活动,是很有力的促进和保证。

有人会说:你们爬雀儿山,那有啥登头!是的,雀儿山山虽不高,不像珠穆朗玛峰那样高而有名气,但她却是藏族同胞心目中的一座"圣山",她生在青藏高原沙鲁里山脉的家族里,长得秀丽而险峻,中国前100座独立山峰中她排列在第43位,主峰就像未出嫁的妙龄少女,不揭开她的面纱,就难看到她的真面目,这对勇敢的登山健儿来说,具有多大的吸引力。要想摘掉她的面纱,登上主峰,又谈何容易!中日大学生并没有轻估这座山峰,而是经过了一年多的物资、技术、体能的准备,才涉足于雀儿山区的,对该山区的侦察发现,其地形复杂,气候恶劣,冰崩、雪崩频繁,明暗裂缝交错,有时一场遮天蔽日的风雪能把营地的大帐篷推倒,然而谁也没有因此而畏缩。相反,为了实现人类的共同目标,征服大自然而艰难地闯过一道又一道险关,最终还是实现了向往已久的夙愿,登上了雀儿山顶峰。胜利来之不易,尤其是对从未登过山的运动员来说,那是多么宝贵而有意义的一次在大自然中的磨砺。登顶成功了,雀儿山被征服了,但投入到大自然的时间是短暂的,然后你会体会到人与大自然相比较,人又是那样的渺小,大自然多么富有,世界上的山山岭岭不知有多少,在中国7000米以上的山峰有2000多座,你又攀登上几座。年轻的现代人,难道你没有新的遐想和追求?祝愿我们两国、两校的大学生通过登山科考这座桥梁来寻找共同的乐趣,开拓更新更美的友谊之路。

山是被征服了,也证实了中国地质界对该山科学考察推断的雀儿山主峰为花岗岩组成的理论,但这并非唯一的目的,更重要的是通过这次活动,使国情不同,制度、素质、技术、习惯等都有差异的大学生登山运动员聚焦于雀儿山上,他们相互学习,取长补短,互帮互助,在险峻而富有的大自然环境里,磋商技术、战术,发挥集体的智慧,攻克一道道险关难点,终于用自己的血汗谱写出了纯属大学生联合登山的开创纪录,然而这仅是我们计划中的第一回合的开始,良好的开端给我们增强了信心和力量,为了创造长久而友好的21世纪,年轻的朋友都来登山吧,希望更多的中日登山运动员聚焦于珠穆朗玛峰顶。

1988年10月

难以忘怀的雀儿山

中国地质大学(武汉)登山队员
孟宪国

在1988年4月份进山侦察之前,我对登山所知甚少,对其意义也难以完全理解,那时,我只认为自己是一个翻译,若说有什么兴趣的话,那也只是大山深处的地质奥妙。但是,我怎么也没有想到,自己竟以此为转机,深深地爱上了登山事业,若有机会,我还会毫不犹豫地去参加。登山,是一种科学和精神意义上的探险。

强烈的对比往往容易给人留下深刻的印象,今年我恰恰经历了这样的对比,从烈日炎炎的戈壁中出来,经过武汉火炉的煎熬,走进冰天雪地的雀儿山区,这也许正是大自然对我的考验。雀儿山中的17天在人生的长河中只是短暂的一瞬,但它却在我生命的记录中占去了不可忘却的位置,每每忆起那些时日,我总禁不住激动万分,其中更令我记忆犹新的是向主峰突击的几个日夜。

9月21日下午,无线电波把大本营和二号营地(高度为5400米)紧紧联系在一起,登顶人员名单和登顶计划在这个时候宣布,在最后冲刺的前夕,大家都无法完全使自己的情绪平静下来,第一次参加登山的我更是如此。但是,也是在当天晚上,我感到头痛难忍、四肢无力,连第二天早上吃饭的力气都没有了。

我可能会失去登顶的机会,这一想法使我不由自主地暗自哭泣。22日一天的大风雪影响了我们的计划,开句玩笑,可以说这却给了我一天休整的机会。23日突击主峰的失败并没有让我们丧失信心,当14个人挤在两顶小帐篷中度过那个忍饥挨饿的夜晚后,大家首先想到的还是向主峰进军。在北口博教先生带领7个队员出发后3个小时又将第二批的两个队员派往前线时,出于安全和身体的考虑,他仍不批准我向主峰进军。我一贯赞赏这句话,男儿有泪不轻弹,但这时候我怎么也控制不住自己的情绪,失声痛哭了,通过报话机请求北口博教先生让我上去。我终于得到了登顶的机会,拖着疲乏的身体,沿着冰川和白雪覆盖的山坡,向主峰方向艰难前进。由于体力的过度消耗和头痛的折磨,每前进十几步就要躺在雪地上休息片刻。但是,主峰就是我希望的曙光,我所进行的是人类对自然的征服。高山缺氧的困难,冰裂缝和雪崩的威胁,与向主峰攀登的决心相比又能算得了什么?!

9月24日15时12分,我和我的队友一行4人到达主峰顶时,我们一个个热泪盈眶,当时我心中充满着从未有过的胜利感和自豪感,我强烈地感受到登山原来是一种无比美好的享受,只有到达主峰才能尝到这种幸福。我在这6168米的高度上,自以为是一个登山队员,但不是一个出色的登山队员。在主峰上放眼远眺,万千风光尽收眼底,山峰连绵,乱云飞渡,脚下是一片银色的世界。当我们联合登山队作为人类的第一批使者来到你雀儿山的怀抱时,雀儿山啊,你此时是一副什么样的情怀?

之所以不会忘记,不仅仅是因为登顶道路的艰难,初尝登顶的快乐,还因为这次活动又是一曲友谊的颂歌。我是队里的翻译,有机会和以北口博教先生为首的日方队员进行广泛接触,很理解他们对中国人民的友好感情,他们在困难和危险面前争在前头,发挥他们技术上的优势帮助我们的队员,我自己受益极深,因为我不仅是第一次登山,而且因工作的原因未能参加今年7~8月份的训练,在技术和体力上都明显不及别人,剩下的大概只是不畏艰难的胆量了。中方队员在险恶的环境中也表现出了极大的牺牲精神,我也得到了队员们所给予的无私帮助。登山过程非常重要的一个方面就是合作精神,没有相互帮助,很难谈得上成功,集体奋斗的结晶才是本次活动最珍贵的东西之一。我不会忘记离开大本营的前夜,在熊熊的篝火旁,我们所表达的心声。由于语言的不同,未必都全部理解,但无疑都已深深感受到各自所欲表达的一番友谊情怀。

我是一个地质学教师,今年又成为一个数学地质博士研究生,从这一层意义上讲,我不会放弃自己的事业,我会把青春献给地质,更进一步讲是献给大地;但是,我也会把登山当作自己事业的一部分,这是一个充满神秘和无穷乐趣的探险活动,它的对象也是大自然,我今生和大自然结下了不解之缘,无论以什么样的方式都将投入大自然的怀抱。探险在科学上、在登山中,具有同样的意义。

1988年10月

论登山的苦与乐

中国地质大学（武汉）登山队员
曹文华

在武汉生活过的人都知道,这座江城,最难过的要数夏季的七八月份了,每天的气温高达40℃,即使是清晨温度也不会降下来,夜晚更是热得无法入睡,把武汉列为"三大火炉"之一,真是名不虚传。然而即便是这样,我和队友们还是坚持在操场上一圈接一圈地跑,俯卧撑一个接一个地做。一个多月的艰苦训练下来,原来白皙的皮肤已令我的同学咋舌了。

1988年8月底,我们和日方成员一起奔赴成都,于9月11日全体抵达雀儿山下选定的大本营,开始了对于我来说平生第一次参加的征服雪山的行动。虽然我的兴奋中也掺杂着不安,但更多的是对这座神秘的高原雪山的好奇。早在登山前便听人说起过从平原到高原的人由于不适应所出现的种种高山反应;头昏、呕吐,吃睡都不如平常,但我除了有些头胀外,身体基本适应,这使我尤为高兴。

9月12日开始往上攀登,由于登雀儿山是首次,所以没有现成的道路可走,要在白雪覆盖的地方开出路来,是非常困难的,并且还凶多吉少,踩松的岩石随时都可能滚落下来砸在头上和身上,明明暗暗的冰裂缝有可能会使我们陷进去,运气不好时,还可能遭到雪崩的袭击,因此登山不仅苦还要担很大的风险。

攀登之苦,自不必说,尤其当我们碰上天气恶劣时就更糟了。由于高原上空气稀薄,严重缺氧,因此一般的行走、活动已是够困难的了,更何况我们背上还要压着一个沉重的包往上爬呢！松散的岩石路很难走,危险的岩石裂缝更难行,而恐怖的草坡累得我直喘气,冰坡、雪地消耗了我们更多的体力。记得9月21日那天,我们一行4人9点整就开始从一号营地向二号营地挺进,这段路几乎全部被几尺厚的雪覆盖着。我们背上是几十斤重的包压着,脚上是六七斤重的靴子套着,而空中是横飞的大雪,头上却顶着一轮毒日。然而,我们仍然一脚踏进积雪里,然后拔出来,再前进一步,我们就这样走着,腿

直发酸,背上的包直往下坠,我们走着,渴了,抓一把雪送进口里,烈日太强了,我们就把羽绒服帽一戴。就这样,虽然已是气喘吁吁,腰酸背痛,唇干口燥,饥饿难忍,但我们仍坚持走着。我们越过一坡又一坡,绕过一条又一条冰裂缝,在空旷的雪地上留下了一串串深深的脚印,终于在下午3点多钟抵达了二号营地。

　　尽管我们每天都非常辛苦,但欢乐无时无刻不与我们同行。每当我们想方设法征服了前进道路上的一个个困难时,心中就油然而生欣慰与自豪之情,因为这正表现了我们的力量与意志;每当我们到达一个新营地,纵目四眺,看到绿色的世界被远远地抛在我们下面,而眼前展现的却是一个冰雪封冻静悄悄的新世界时,才会更深切地理解到"欲穷千里目,更上一层楼"的深刻含义。此时,你自然而然会对着群山呼唤,我多伟大,多了不起啊!看!你们都害怕我了,都甘愿我骑在你们头上了。此时你的感受不是苦而是快乐的欣慰感。很遗憾的是,由于种种原因,这次队长命令我不登顶,因此我没有亲身感觉到"会当凌绝顶,一览众山小"的豪情,但是在步话机里当我听到队友们在登上顶峰向我们报告喜讯时那泣不成声的声音,我感受到了他们何等的激动,因为那时我也高兴得掉下了热泪。朋友,你有这样的时刻吗?你感受过这种乐趣吗?我感到多么自豪,因为我有过一次常人所不能体验到的乐趣。

　　苦与乐是不能分开的,没有苦,也就不会感觉到乐。朋友,只有当你尝过苦了,你才会有苦后的乐。

1988年11月2日

魂系雀儿山

——日记二则

中国地质大学(武汉)登山队员
张 军

9月23日

盼望已久的登顶战斗终于打响了。今天是个晴朗的天气,我们早上4点半起床,收拾行装,吃过早饭,6点半出发。

第一批突击主峰的8名队员分成船原和武智、川端和崛洋、孟宪国和董范、我和马欣祥4个组,迎着晨霞,我们轮换开路向着主峰攀登,但是越往前路越艰难。当我们到达一个大雪坡中间,突然上面有一片大雪从我们眼前滑向下面的冰裂缝中,迸发出震耳欲聋的声音。这突如其来的巨大雪崩真把我们吓得一身冷汗,我们只得重新在冰裂缝和雪坡之间艰难地探路、前进。

下午1点15分时,我们终于来到主峰脚下,正当我们准备登顶时,天气突变,狂风夹着大雪铺天盖地地向我们袭来,能见度只有五六米,经过请求,北口博教先生和指挥部决定就地待命。

时间一分一秒地过去,大风仍不减弱,大家虽然又冷又累、又渴又饿,但谁也没有下撤的意思。

这时日方队员船原和川端出来猜拳,看哪个组先上去开路拉绳索,看起来还挺有意思的,结果川端一方赢了,他们先去开路,1小时后回来,接着船原和武智又上去了。望着他们在风雪中消失的背影,此时我的心情非常激动。登山、开路就意味着危险,意味着死伤,而每当这时,我们身边的日本朋友总是冲在前面,这种生死之交的友谊使我永生难忘。

4点15分,北口博教先生下达了下撤的命令,大家恋恋不舍地离开了这个充满危险、寒冷、饥饿,而又神秘莫测的地方。

老天像是有意跟我们作对,刚下撤一会,天就晴了,这时北口博教先生命令我们在半山腰停留,同时第二批登顶队员带上帐篷赶来建立突击营地,准备明天继续突击顶峰。

晚上我们14人挤在两个帐篷里,你挤我,我压你,根本没法入睡,听着外面呼啸的风雪声,大家急切地盼望早点天亮。

9月24日

今天是我最难忘的一天,早晨天刚亮,大家就做登顶准备,等待命令。

看到郑超、董范、张志坚、张伟和杉本、竹内、船原在北口博教先生的带领下马上要出发,这时我十分着急,就主动找北口博教先生要求登顶,他却平静地命令我到二号营地背一趟食品。我的天啊!到二号营地来回至少得3个小时,我登顶的愿望不是等于要成泡沫了吗?而且往返是我一人,万一出差错,我真不敢想。但是命令如山,我知道对于一个登山运动员来说,服从命令是天职。我二话没说草草地喝了碗茶就急忙上路。

大风雪还在吼叫着。昨天的脚印早已被雪覆盖,我一人在这冰雪落落、狂风怒号的世界里艰难地行走,就仿佛是在波涛汹涌的大海上漂泊,随时都有被巨浪吞没的危险,但此时此刻,我也顾不得想这些,心中只有一个念头快运回食品,争取时间登顶。这个信念使我浑身增添了勇气和力量,我连滚带爬,只用了2个小时就运回了食品。

当我赶到突击营地时,孟宪国见到我激动得热泪盈眶,高兴地告诉我:北口博教先生同意我们登顶了。"啊,太好了。"我放下背包立即和小孟向顶峰进军,越往前走,我俩的体力渐渐支撑不住了,小孟前两天还病了一场,硬是撑着跟队行动,加之这两天的辛苦和疲劳,实在难受。怎么办?此时只有咬紧牙关坚持向前,我俩互相搀扶、互相鼓励,艰难地向上攀登⋯⋯

我们来到主峰下面,第一批登顶队员正在突击主峰。由于道路狭窄,我们只有等他们下来再上。

1点30分从报话机里传来北口博教先生带领第一批队员登顶成功的好消息。我们的心情无比激动,为队友们欢呼、庆贺。

3点05分,我和小孟、小马、川端也登上雀儿山峰6168米之上。此时远近的群山都在我们的脚下,我们欢呼、跳跃,互相拥抱、祝贺。仿佛这长眠的雀儿山也在沸腾⋯⋯

是啊,20多天来,我们历经艰难险阻,终于登上顶峰,我们没有辜负学校老师、同学们的期望!我们登顶了!我们成功了!成功了!

1988年9月24日于四川境内雀儿山下

得妥——难忘的小山乡

中国地质大学(武汉)登山队员

刘亚非

  1988年9月5日，由于山洪冲垮公路，把我们全体登山队员阻挡在川藏公路旁的得妥乡，真没想到在这个依山傍水的小山村里呆了3天。得妥乡是四川石棉县的一个小乡，离泸定20多千米。这里山清水秀，大渡河水在奔腾直下，风景甚是美丽。当地除汉族老乡外，还有不少黎族老乡，他们对我们的到来非常热情，拿出不少美味的土特产来招待我们。那酸甜可口的猕猴桃，纯正爽口的野核桃，一咬满口流甜汁的大水梨，还有我和张军、郑超在老乡树下偷摘的带毛刺的青板栗，这一切对我们在大都市长大的人来说，是那样的新鲜、奇特和美妙。尽管胡燕生、朱发荣、北口博教3位队长对不能按期到达BC而焦急，但他们也不时被这个美丽的小山村所吸引。朱队长每天早上沿公路走得很远去看秀丽的风景。北口博教队长率领中、日两方队员在山下的空地进行中日足球对抗赛。胡总队长还亮出精致的厨艺给全体队员包饺子、煎油饼。晚上3位队长在油灯下研究登顶计划。我和船原君、崛洋君背着相机游玩了横跨大渡河上当地颇为有名的得妥桥，两位日本朋友在桥上玩得甚是高兴。在晃悠悠的桥面上，对着脚下湍急的河水，我用中、日、英3国混合语问船原："杉本君(女)如果过这桥害怕吗？"船原君笑着说："她可能不敢走！"

  9月8日传来了路已修好的喜讯，我们激动地踏上了西去的征途，又将迎接那新的挑战，再见了美丽的得妥乡，再见了对我们热情款待的、善良的村民。

1988年11月4日

乐 趣

——面对死神的微笑

中国地质大学(武汉)登山队员

马欣祥

雀儿山顶留下了中国地质大学(武汉)和日本神户大学联合登山队的足迹,留下了又一曲中日友好的赞歌,同时留下了永久的回忆。

然而这次联合登山并非一帆风顺,且不说路途塌方造成的阻碍,也不讲选择登山路线所费的周折,单就几个队员所经历的几次面对"死神"的微笑,也使人倍感"上帝"的仁慈。

1988年9月13日,勘查大本营至一号营地的路线中,川端君正在一个陡滑的岩面上作业,突然脚下一滑,人翻倒在地,顺着岩面急滑而下,多亏船原君眼疾手快,收住了保护绳才避免了一场事故的发生。不多久,一石块被踩落直奔着我袭来,我急忙躲闪,无奈身上连着绳子,又无安全地方可去,更不曾想这个石块分成了两块,结果躲了一块,避不了另一块,后脑勺被猛地击中,脑袋顿时发晕,幸而石块并不大,只碰出个大包。

20日清晨从二号营地刚出发没几分钟,杉本小姐便落入5米多深的冰窟,经过80分钟的努力,才算安全脱险,不可想象如果下面是"V"形冰缝,后果会是怎样,但杉本小姐脱险后又像没事似的随队前进了。这件事使我想起了1984年在阿尼玛卿二峰,长野县的女队员下山真理枝小姐埋入可怕的雪崩中,当她被救出后已是脸色发乌,不省人事,被人用睡袋拖回营地,但第二天这位可敬的女队员仍凭着顽强的意志登上了顶峰。

"死神"并不善,23日第一次向顶峰突击,突击队员行进在冰缝纵横的雪地里,没有任何标志可以指示安全或危险地带,登山就像走钢丝,说不定什么时候就会失足坠落。果然,当准备绕过一条冰沟的时候,随着一声轰响,大片浮雪急冲而飞激起一股雪气流,大家就势翻滚,躲过了一场灭顶之灾。如果稍一迟疑,无疑至少一半的人会被埋入千层覆雪之中。

值得庆幸的是,所有的这些危险均被化解。话又说回来,没有困难,没有危险,登山也就无意义可讲,但登山运动员不是高山牦牛,不仅要具有强壮的体魄,更重要的是必须具备熟练的技术、机敏的反应、丰富的经验和坚强的意志。登山运动充满困难、危险和恐怖,也充满着刺激和快感,登山可使你如愿以偿。

1988年11月

难忘的时刻

中国地质大学(武汉)登山队员
郑　超

我们站在雀儿山主峰上,欣喜若狂地欢呼我们胜利了！成功了！艰苦了一个多月终于实现了我们的愿望,在这激动人心的时刻,在这热泪盈眶相互拥抱的时刻,我紧紧握着日本队长北口博教先生的手克制不住自己的感情,默默地看着……感谢您北口博教先生,我的成功与您分不开,此时浮现出我和北口博教先生一段生活训练的情景,也是我终身难忘的日子……

事情是在1988年9月21日登山队按计划将过渡C2营地向靠进主峰前移两千米,做好登顶前一切准备的时刻,就在这紧张分秒必争的时间里,日方队长北口博教先生仍然忘不了对我们中方队员的严格要求,特别是对我这个第一次参加登山的登山运动员要求更加严格,行军、运输,他和队员一样,很苦很累,但他不顾疲劳,还单独给我进行了一次冰雪技术训练,他的这种精神给了我巨大的力量和信心。在他的严格指导下,从探路开始,结组保护到上下冰雪坡,都是用手比划或雪地上写字手把手地教我,虽然我们语言不通,但我们的心已经交织在一起,特别让我难忘的是在练习上雪坡两人结组保护滑坠技术中,北口博教先生在零下50℃的冰雪坡上亲自向下滑坠翻滚几十米让我练习保护方法,一次又一次地翻滚,北口博教先生浑身是雪,此时此刻我止不住地流下了感动的热泪,我真不忍心再看下去了,我自己滚滚吧！可北口博教示意我好好地练练。是啊,这都是为了我,虽然只训练了5个小时,但这对我又是多么难得的机会,是磨炼,更是一次考验。最后,我终于得到了北口博教先生的信任,他说:"队长命令你可以参加登顶",队长的肯定,给了我极大的鼓舞和力量,这一幕幕情景让我至今难以忘怀。当我提笔写到这一段经历时,仿佛雪地上的翻滚、绳索的撕拉声仍在我脑海里回响着。我永远难忘那训练的时刻,也忘不了尊敬的北口博教先生。

当我把这一切告诉我的亲人、朋友和妻子时,他们为我能有这次机会而感到高兴,为能有北口博教先生亲自指导而感到骄傲。最后,我再次衷心地感谢您,在您为中日友谊做出新贡献的时候,能带我同行。

1988年11月17日

携手合作，开出通往主峰的路

中国地质大学（武汉）登山队员
董 范

1988年9月24日，中国地质大学（武汉）登山队与日本神户大学登山队成功地登上了四川省境内的处女峰——雀儿山主峰。这次登顶的成功，是中、日两校登山队员诚挚合作和共同努力的结果。我们双方队员在一起生活、奋斗了16个难眠的日夜。

雀儿山位于四川省德格县金沙江边，主峰高6168米，相邻的是223峰，高度相差无几，这给我们寻找主峰增加了许多难度，而且冰川大而多，路途长，坡度陡险，天气恶劣，地形变化大，这些都在我们的预料之外，给我们这次登山活动增添了很大的困难。为了找出一条较安全通往主峰的路线，双方队长商定各派侦察小组联合进行侦察。事情往往不是我们想象的那样轻而易举。失败一次次地出现，险境一次次地遇到。但经过双方队员的共同努力和精诚合作，我们又一次次地战胜失败，一次次地排除险情。最后经过千难万险，建立起了一号、二号营地。

在建营的全过程中，双方队员共同努力，互相帮助，互相鼓励，有水同喝，同吃一袋食品，往往是一口水一口食品都你推我让，在运输过程中都互相抢重的背。

在侦察路线过程中，双方都派出了较强实力的队员，侦察小组都是竭尽全力，把困难和危险置之度外。早出晚归，由于缺氧晚上帐篷里连打火机都打不着，外面是大雪纷飞，不到一个晚上，雪深已过膝，走过的已不是脚印，而是一条长而深的沟了。

日方队员在侦察过程中凭着技术优势，遇危险他们抢着干。最难忘的是，日方队长北口博教先生明确指出，为了要确保中方队员安全，一定要让中方队员熟练地掌握登山技术。

中方队员技术较差，多半是第一次登雪山，没有什么经验，但体力较好，适应性强，能吃苦，在侦察中我们抢着在前面多开路，开路的时间尽量长一些，尽量多背点装备，全队精诚团结，互相帮助。9月19日侦察小组刚从二号营地出发不久，日方队员杉本直子就不小心掉到了5米深的冰洞内，经过中日队员的奋力抢救，用了近1.5个小时的时间杉本小姐才脱险。

在整个登山始终，日方队长北口博教先生的为人、登山经验、组织和指挥才能，都令人佩服和难以忘怀，是我们学习的榜样。他为我们这次登山做出了最大的努力。

我们这次两校的合作是成功的，是愉快的，令人回味的，我们还有第二、三、四回和更多的合作。我们都努力为两校及两国的登山事业做出自己的贡献。

1988年10月

忆雀儿山

中国地质大学(武汉)登山队员

张 伟

中国登山史将记载着这样一个事件：中国地质大学和日本神户大学联合登山队于1988年9月24日成功地登上了海拔6168米高的雀儿山主峰。它揭开了中国登山史新的一面，也写下了中日大学生成功合作的又一幕。

我作为中国地质大学的学生有幸参加了这一次登山活动，作为一个征服者我曾为此骄傲过，然而作为一名登山队员同自己的队友们一起向那可怕的顶峰一步步地迈进的情景也令我难忘。在山上我们每一个人所面临的是恶劣的气候、缺氧所造成的呼吸困难及隐藏在雪下的冰裂缝的威胁，这简直是生和死的考验。可是它并没有吓倒我们的队员，有的队员病了硬是咬牙坚持着，有的队员掉队了，大家一起齐心协力帮助他，食品供应不上，就喝口水上。在那里没有国籍的区别，大家有乐共享，有苦同分。就这样，我们终于战胜了暴风雪的威胁，克服了预料不到的重重困难，一步一步艰难地向主峰挺进。

当两面队旗在主峰上迎风飘舞时，队员们望着连绵不断的群山，看着脚下的片片白云，个个流下了激动的泪水。此时此刻我们怎能不欢欣鼓舞，从古至今很少有人赞美这冰雪覆盖的山峰，因为它们有一泻千里的冰川，有放荡不羁的性格；它们容不得人们随意践踏，对于弱者它能置你于死地，因此在许多人眼里它可敬，然而更可畏。可它在我们这些意志坚强的中日大学生面前又能说什么呢？它只好默默地低下了头。

事情已经过去了一个多月了，也许在人们的心目中它会像大海的浪花一样，虽能激起波涛，但慢慢地就会消失得无影无踪，然而在我们的每一个登山队员心里，它却像一块顽石，深深地沉在记忆的长河里。

1988年10月30日

爱 山

中国地质大学(武汉)登山队员
张志竖

小时候,家乡的门前就是山,山不高,像个矮矮的小人,我们就管它叫小人山。每天清晨,在鸟儿出巢前,山上已满是前来寻找青春的老人们了。像我们这群与此山同名的孩子,便来往穿梭于老人们之间,嬉笑吵闹着,吓得鸟儿都不敢出声。渐渐地,人长大了,山也矮了,心中便生了些不满足。站在山顶上,望着海中冉冉升起的红日,希望有朝一日能爬上一座带雪的山。

后来,便到了武汉地质学院。

再后来,便成了中国地质大学登山队的一员。

再后来,便登上了四川省的雀儿山——那一座带雪的山。

童年时代的愿望实现了,与山的缘分也该就此结束了。但不知怎么的,对山的感情非但没有从此割断,反而更加炽热起来,我好像已经爱上了山。

没有上过雪山的人,大概是不会知道那白茫茫的死亡世界为什么会有这么大的吸引力,我当初便是这样。长久生活于都市之中,人们便对安闲舒适的生活逐渐感到厌倦,而希望过一种新鲜刺激的生活。抱着童年对山的理想,我进了山,而当我突然置身于陌生冷峻的冰雪世界时,我才意识到:山,并不都像我吵闹嬉笑的儿时那么温柔,那雄伟峻峭的山峰,俨然以一副主人翁的姿态向我们潇洒地挥动着"雪旗"(雪旗:雪峰上因刮起的雾,远看像飘扬的旗帜,故名),既像是对远道而来的人们的欢迎,又像是对那些不速之客的挑战。于是,作为世界主宰、万物之灵的人类,与俨然一方之主的雪山之间,就"谁是真正的主人"的问题,产生了不可调和的、激烈的对抗。于是,一种从未有过的作为人类一员的自尊与自信被猛烈地激发出来,使你奋不顾身地去接受这一强有力的挑战,而且要不惜一切地战斗到底。

在这次登山过程中,我们有个别队员因工作需要不得不受命不能参加最后的登顶冲刺。当宣布这一决定时,你猜,他们当时感想如何?全哭了!几个堂堂七尺男儿竟然当众流下了热泪!请先不要讥笑我们的队员太没出息吧!你可知道,当一个冲锋陷阵的战士被下令撤出战斗时,是一种什么样的心情吗?你可知道,当一个角逐士被下令退出角逐时又意味着什么吗?他们只是说:山会笑话我们的。

如果有人说雪山意味着死亡的话,那么我要说,恰恰是雪山,才是力量的源泉,使你更深刻地懂得了在困难面前怎样才算是一个真正的人。

是的,我的确爱上了山。

1988年10月

中国地質大学（武漢）・神戸大学合同登山隊
隊長 胡燕生先生 ほか 隊員の皆さんへ

この春の私達の訪問の際には大変お世話になりありがとうございました。あれから早3ヶ月がたち、中国での日々がなつかしく思い出されます。

さて、大変遅くなりましたが、中国で撮らせていただいた写真と登山用品のカタログをを送らせていただきます。それと、心ばかりですが、日本のスープ「みそ汁」と、ご飯にかけてお茶（またはお湯）をかけて食べる「お茶漬け」と、お菓子を同封しましたので皆さんで分けて下さい。

皆さんのご健康とご活躍をお祈りいたします。

1995年6月18日
竹内鉄二・杉本直子

竹内铁二　杉本直子呈：

致中国地质大学(武汉)与日本神户大学联合登山队队长胡燕生先生及全体登山队员：

春季我偕夫人杉本直子来中国访问期间，在受到大家热情友好接待及关照的同时，我们还见到了登山时与我们朝夕相处的众多登山队的各位朋友，那些难以忘怀的美好情景至今记忆犹新，胡燕生先生对我们夫妇所提供的热情接待，在此，我们由衷的感谢！

大家都还好吗？我在中国摄的照片与登山用品应该收到了吧，仅表达我们的一点心意而已，随一起邮寄的包裹中还有味增汤用于吃米饭调味料，茶叶及一点日本点心，请与全体登山队员一起分享。最后衷心祝愿大家身体健康，万事如意！

1995年6月18日
竹内铁二　杉本直子

日本神户大学登山队员在登顶成功后在地大(武汉)校门前留影，右一为神户大学登山协会会长平井一正，左二为神户大学登山队长教练北口博教，队员杉本直子(右二)与竹内铁二(左三)，大学毕业后结为夫妻，结婚后专程来地大(武汉)看望登雀儿山的朋友们

中日两校在登雀儿山途中，日方女队员杉本掉进5米深的冰裂缝中，中日双方队员在抢救

中国地质大学与日本神户大学登山队于1988年联合攀登四川境内6168米雀儿山，全体登山队员在山脚下留影

中、日登山队登顶成功返校时在武昌火车站受到学校各方面领导的热烈欢迎

学校召开了中、日联合登山成功庆祝大会，登山队长胡燕生作了登顶成功情况汇报

1984年日本神户大学登山协会主席平井一正先生到地大访问洽谈联合攀登雀儿山事宜，右二是我校外语教师翻译爱新觉罗·连绅先生，左二是日本神户大学登山协会会长平井一正先生

日本神户大学平井一正先生
1995年再次到地大访问

1989年地大登山队应邀访问日本，双方队员进行登山技术合练。中间一人是北口博教教练

1989年地大登山队在日本神户大学受到日方队员的热烈欢迎

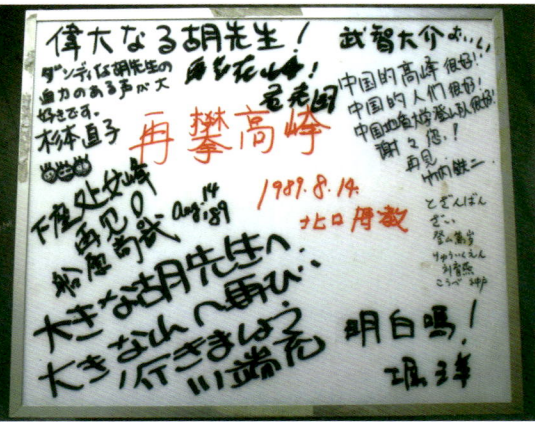

1. 1988年中、日联合登山队进驻大本营时遇到一条冰雪融化的河流，当时水很冷，地大队员张志坚让胡燕生骑马过河

2. 日本神户大学队员登顶成功很高兴，离开中国时每位队员给中方队长胡燕生写了一句留言

3. 雀儿山主峰，峰顶积雪常年不化

4. 1995年日本神户大学登山队员竹内铁二、杉本直子大学毕业后结婚专程到地大（武汉）看望登雀儿山的朋友们

1. 1997年8月22日,地质矿产部与中国地质大学攀登希夏邦玛峰登山队成立,地矿部和地大领导向登山队授旗

2. 胡燕生在希夏邦玛峰大本营(山高8012米,大本营5000米)

3. 登山队成立后到神农架山区集训

4. 登山队队长胡燕生、副队长朱发荣与日本长野县登山队队长清水澄先生在大本营

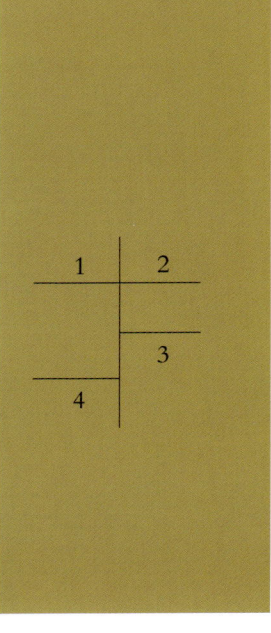

1988年中、日两校登山运动员在向雀儿山主峰冲击

1997年中、日双方队长在希夏邦玛大本营研究登顶计划

1996年胡燕生在访问日本时,神户大学举行欢迎宴会上地大外事处副处长邵学民在为胡燕生的讲话做翻译,右一为平井一正先生

1996年在回访日本时,胡燕生在清水澄先生家做客

1988年中日攀登雀儿山登顶成功返校当晚举行的欢迎会,看!队员的家属们有多高兴

台湾学生业余攀岩队在教练刘静涛先生的带领下于1995年10月到地院访问、交流

1982年地院田径队与女全能运动员和教练熊慕侠、董范留影

1989年3月,莫斯科地质勘探学院副院长在陈钟惠副校长陪同下参观地大体育展室

1989年,地大羽毛球队应俄罗斯鲍乌曼国立工业大学的邀请去莫斯科参加国际"宇航杯"羽毛球邀请赛获男、女团体冠军

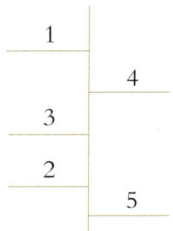

地大羽毛球队,从1992年起代表中国大学生连续参加了5届世界大学生羽毛球锦标赛
1.1992年第二届世界大学生羽毛球锦标赛,在瑞典获一铜牌
2.1994年第三届世界大学生羽毛球锦标赛,在捷克获一金牌、一银牌
3.1996年第四届世界大学生羽毛球锦标赛,在法国获一铜牌
4.1998年第五届世界大学生羽毛球锦标赛,在土耳其获一金牌、一银牌
5.2000年第六届世界大学生羽毛球锦标赛,在保加利亚获一金牌、一银牌、一铜牌

1. 1987年，地大羽毛球队代表地矿部参加全国行业系统羽毛球锦标赛获男团亚军、女团第五名

2. 1992年第四届全国大学生田径运动会组委会主任、湖北省副省长韩南鹏到比赛场地检查工作，大学生运动会田径竞委会主任胡燕生在向韩省长汇报田径比赛准备情况

3. 1994年地大羽毛球队女双队员刘露和樊林华夺得第三届世界大学生羽毛球锦标赛女双冠军

1	
2	3

1993年在中国登山协会、武汉电视台、武商集团的大力支持下，地大在武汉洪山体育馆成功地举办了中国首届国际攀岩邀请赛，有俄罗斯、法国、日本、韩国、中国香港等运动员参加。

1. 胡燕生在主持开幕式
2. 胡燕生在主持新闻发布会
3. 中央电视台著名节目主持人宋正平邀请到会，他正与王勇峰交谈

四 亦师亦友 师生情谊

YISHI YIYOU SHISHENG QINGYI

实难忘闪光青春岁月的那段记忆,如歌的那段岁月的回忆,总令人激动不已。

教学相长,凝成师生情谊,多么珍贵,用汗水换来的学校荣誉又多么令人回味珍惜!

学校"特色体育"的历史是我们师生一起拼搏共同铸就,地大的体育精神是我们师生一起携手传承,代代相继,生生不息。

我们在编撰画册时,又让我们回想起胡燕生老师每天早上到学生驻地吹响督促学生出早操参加晨练的哨声,往事历历在心头,教练老师们的严格要求、为我们补课的各科专业老师的教诲、学校对我们学习训练两不误的目标要求、周末到胡老师家中改善生活等仿佛如昨。在登山过程中一起宿营帐篷的日日夜夜,攀登过程中的相互鼓励与帮扶,登顶成功后的喜悦与兴奋,历历在目!在田径比赛的赛场上,各个项目的激烈争夺,你追我赶,最后夺取团体总分冠军后庆贺胜利的隆重热烈场面,难以忘怀。球场上运动员的抢断、大力扣杀、滚翻救球的场面萦回脑际;凡有校外的重大球类比赛,老师和同学们乘坐大卡车前去观战助威,加油助阵令参赛队员激动不已;游泳比赛的场面更是激动人心;每年参加武汉地区大学生冬季长跑比赛,跑在最前面的都是地大的运动员,这个优势一直保持了很多年,同时带动了全校师生参加长跑锻炼的热情。早在1980年,学校南迁到武汉初期,地大足球队在参加武汉地区高校足球联赛中,击败了多所高校足球强队后夺得了首个球类比赛冠军,当时地大足球队的领队是马列主义教研室副主任凌敬昇老师,主教练是体育教研室朱发荣和陈国安老师。1981年在武汉地质学院举行的全国大学生首届"长江杯"游泳邀请赛中,地大女子游泳队获得团体总分第一名,主教练是彭红英。1981年在武汉地质学院举行的湖北省高校田径运动会上,实现了地大迁汉后首次夺得男子团体总分、女子团体总分、男女团体总分三项第一名,教练老师是温树朴、仲禹、张雪琴、陈君松、熊慕侠、胡燕生。1981年地大男子篮球队首次夺得了武汉地区高校篮球比赛的冠军,教练老师是王春生。1982年在北京举行的第一届全国大学生运动会上,地大田径队有23名运动员代表湖北大学生参赛,夺得了女子团体总分第一名、男子团体总分第三名、男女团体总分第一名,教练老师是仲禹、张雪琴、熊慕侠、胡燕生、董范、张军、宋玉玲。1983年在武汉地质学院举行的全国地矿系统首届篮球比赛,地大男、女篮球队双双荣获冠军,男队教练老师为王春生,女队教练老师为金连坤。1983年地大女子排球队夺得全国大学生首届"兴华杯"排球联赛冠军,当时领队是校党委副书记彭山,主教练是体育老师蔡道铿、潘年丽。

搭建平台"联结友谊"情系母校[①]

20世纪80年代初,地大在教育教学改革的实践中,开始在全国高考学生中,破格招收一些在不同体育项目上具有良好基础和较好成绩的学生的举措,是值得浓笔特书的。

当时,正值地大南迁武汉,处于边建设边教育的十分困难、艰辛的时期。学校领导全面贯彻党的教育方针,继承发扬原北京地质学院光荣的体育传统,借改革开放之际,申请并经湖北省教育厅批准,率先在全国高校中,试行招收一批高水平体育特长生入校就读。在学校的精心培育和个人的勤奋努力之下,一批又一批学子取得了学业丰收,在相关体育项目上,取得了瞩目的成就,铸就了学校体育新的辉煌,在湖北省乃至全国高校中都产生了巨大的影响。他们从难忘的经历中,领悟到了"拼搏进取"的人生哲理。

闪光的青春,难忘的回忆。每当回忆这段求学之路,他们永生难忘,时时企盼重相聚,畅谈友谊,感恩母校。

在学校领导的关心和大力支持下,2010年10月23日,来自海内外的近百名优秀运动员校友相聚美丽的校园,参加中国地质大学优秀运动员校友联谊会成立大会暨80年代初高水平运动员校友返校聚会,圆了他们心中的梦。至今,充满了真挚的师生情和浓浓的友谊,令人难忘。

祝愿母校在新的历程中与时俱进,再铸新的辉煌!

祝愿当年的校友不负学校的培养,再谱新的篇章!

2010年10月

[①]原载于《中国地质大学优秀运动员校友联谊会成立大会暨地大80年代初高水平运动员校友返校聚会纪念册》。

20世纪80年代运动员校友会成立大会集体照片人员名单

第四排：董 伟 范 龙 卢 杰 刘 汉 赵俊明 严春杰 范 熙 刘金斗 徐 东 刘一新 毕克成 刘 链 张典柱 毕晓东
关进平 柯海山 赵跃民 赵小红 陈 凯 余 璐 张志坚 孟大虎
第三排：阴红兵 曾金娥 高 芸 沈仲德 张汉民 佟 晓 黄 蓓 刘 静 马光永 贾晓青 彭 华 陈武军 李晓峰
吕福德 王勇峰 王晓明 郑 军 郝 曙 刘起英 包德清 李致新 蓝 翔
第二排：白爱明 穆可丽 王苗玲 张 菁 刘 茜 庄小丽 朱惠民 陈 宁 李玲霞 宋玉玲 邱素珍 孔 冰 潘年丽
王 璟 段晓青 徐嘉艺 李 萍 庞文华 崔亚莉 陈凤贤 史 睃 贺 谊 赵宝红 刘 锐
第一排：蔡楚元 童德卿 张建国 熊紫侠 关景大 傅安洲 胡燕生 杨 跃 李 琼 黄耀琴 赵鹏大 张国柱 彭 山
朱 立 邵锡昌 邢相勤 王龙龙 姚俊安 郑学平 吴春海 丁振国 张锦高 吕禄生 田 苏

贺 信

中国地质大学（武汉）：

欣悉贵校优秀运动员校友联谊会成立，谨向学校领导、老师及参加联谊会的同学们表示热诚的祝贺！

中国地质大学（武汉）认真贯彻党的教育方针，长期重视学校体育教学和课余训练工作，根据专业特点，从20世纪80年代开始就吸收体育优秀的学生入校，在教师的辛勤培育下，涌现出一大批素质全面、学业专精、运动成绩突出的学生运动员，在全国、湖北省、全国高校和行业系统的比赛中都取得了优异成绩，在湖北省乃至全国的高校体育工作中发挥了积极的引领作用。

近20年过去了，当年从中国地质大学走向社会的学生运动员，发挥敢于拼搏、永不言败的体育精神，在祖国建设的各个行业中开拓进取，用行动和成绩为母校和祖国争得了荣誉。实践证明，这项事业是成功的，是值得总结和纪念的。我相信联谊会的成立，会进一步增进校友与母校的感情，推动交流，启迪后人，共同为新时期地大的建设和发展做出新贡献。

最后，我祝联谊会发展顺利，事业成功！

祝中国地质大学历届领导和教师们身体健康！合家幸福！

原国家教委副主任　邹时炎

2010年10月22日

贺 信

中国地质大学优秀运动员校友联谊会：

值此中国地质大学80年优秀代运动员校友联谊会成立之际，我谨代表中国地质大学（北京）并以我个人的名义表示热烈的祝贺！

自1952年北京地质学院创建至今，学校的发展经历了曲折的历程，形成了优良的办学传统，取得了辉煌的成绩。在学校创建之初，就十分注重人才品格、知识、体魄的全面培养，体育教学一直是北京地质学院的强项和特色之一。

学校南迁后，我们的老师和同学在湖北省教育主管部门的大力支持下，艰苦奋斗、不畏艰难，实现了学校事业新的发展。20世纪80年代，学校体育教学取得的成绩令人难忘，当时，学校在全国高校中率先展开了招收高水平运动员的探索。从1980年到1985%年，先后招收了80多名高水平运动员，涉及多个运动项目。从1980年起，多次在全国大学生运动会、全国大学生排球赛、全国大学生游泳邀请赛、湖北省运动会、武汉市运动会、湖北省高校运动会等重要赛事上夺冠。老"北地"的光荣传统在江城生根发芽、开花结果，体育教学占据重要一席！作为当时在校生、留校青年教师和体育爱好者，我和许许多多老师、同学共同经历和见证了那段令人振奋的历史，我视为自己一生的精神财富！

今天，运动员校友联谊会成立，是一件可喜可贺的事。此刻，我更多地想到的是为学校发展，特别是当年为包括体育教学在内的教学工作而付出心血的前辈和老师们。学校南迁后，王鸿祯、池际尚、王良、赵鹏大、翟裕生、彭山、王兆纪等领导和老师一直对地大的体育教学抓得很紧。学校体育教学工作获得过湖北省教学成果一等奖，从事体育教学工作的胡燕生等老师荣膺首届国家级优秀教学成果奖！更值得我们感念的是教育界的老领导、时任湖北省教育厅厅长的邹时炎同志对学校招收高水平运动员的工作给予了高度关注和大力支持。在此，我向为学校事业发展做出巨大贡献的领导、前辈和老师们致以崇高的敬意！

20世纪80年代的运动员同学中涌现出一大批品、学、运动成绩兼优的毕业生。他们在校时艰苦努力、顽强拼搏，为学校赢得了荣誉，毕业后继续传承母校精神，续写奋斗辉煌，取得新的成绩！其中有征服世界七大洲最高峰的世界级运动健将，有我国首位登上海拔8000米以上高峰的汉族女运动员，以及许多体育界和教育、科研、管理等领域的专家和骨干，他们在各自岗位上为母校、社会和国家做出了贡献，为母校创造了宝贵的精神财富！在此，同样致以深深的敬意！

58年过去了，学校特色优势日益强化，光荣传统不断发扬。2005年全国高校本科教学工作水平评估中，明确"特色体育"为地大的四大办学优势之一。我衷心希望，通过成立联谊会，进一步弘扬学校的光荣传统，为更好地贯彻校友温家宝总理提出的"品德优良、基础厚实、知识广博、专业精深"人才培养方针，为早日实现建设地球科学领域世界一流大学宏伟目标不断做出新的更大的贡献！

谨以致贺！

邓军 [1]

2010年10月

---

[1] 邓军2010年10月时为中国地质大学（北京）副校长，现任中国地质大学（北京）校长。

贺 信

尊敬的各位领导、老师、校友们：大家好！

欣闻运动员校友联谊会的成立和聚会，非常兴奋和高兴！原计划尽量争取代表在美国的原77级和78级男、女篮球队的部分队员（陈树正、李力跃、陈健、吴农、魏凯鸿、温子瑛、苏东灵等），赶来参加此次盛会。无奈因为时间上和其他事务的冲突最终无法成行，深感遗憾和抱歉。

离开母校快30年了，但想起当年的时光，特别是当年我们篮球队的日子，仍然回味无穷。刚开始时，男、女篮球队加在一起，也只有十三四个人，还分在汉口和武昌两边；不论训练和比赛，常常要先坐上1个小时的班车才能聚在一起。不过共同的爱好和兴趣，加上运动员"不服输"的性格，让我们克服了许多的困难，形成了一个特殊的集体，一同体验了三、四年的胜利、挫折、高兴、悲伤、鼓励、伤痛……一起度过了人生中一段不寻常的时间。所以直至今天，我们当年大部分的队员（除了上面在美国的几个人外，还有在北京的邓军副校长、慎乃其、陈荣，在济南的梁陪鲁、余平等）还都保持着相互间的联系，关心着老队员们的身体、家庭和事业。

你们当中可能有人知道，现在纽约的陈树正和李力跃两位校友，都是50多岁的人了，不但"不减当年之勇"，反而跳得更高、跑得更快！二位都是纽约"老马"华人篮球队的主力，每周几次训练、比赛，且迄今已经参加了十次以上每年一度的世界华人业余篮球俱乐部比赛。特别是陈树正，从10年前直肠癌的死亡线上返回，后来又连续几次手术，人瘦了一大半。所有这些，都没能改变他对生活的追求和对体育的热爱，这才是真正的"运动员的性格"和品格。所以每次见到他，我都觉得是一种鼓舞，英语讲"Live your life"，就是说"过好你自己的每一天，让自己享受做自己喜爱的事情的过程"。

不多说了。最后，谨代表在美国的部分运动员衷心地祝愿成立大会和活动圆满成功！祝各位健康、幸福，并能坚持无论哪种形式的体育锻炼！

原武汉地质学院77级篮球队队员　侯钢、温子瑛

2010年10月22日于美国

中国地质大学优秀运动员联谊校友会领导名单

名誉会长：胡燕生

会　　长：李致新

副 会 长：王勇峰　毕晓东　刘　汉　关进平　陈树正
　　　　　刘一新

秘 书 长：陈凤贤

副秘书长：张志坚　高　芸　李晓峰　赵跃民　余　晓

1. 朱立教授贺联谊会成立献墨宝

2. 1992年张锦高副校长带队与湖北省高校运动员一起参加了第四届全国大学生运动会开幕式

3. 1982年3月，水文系52781班刘一新同学被共青团中央、教育部评为全国三好学生。他是全国首届大学生运动会十项全能亚军

4. 张建国教授贺优秀运动员校友联谊会成立献诗

优秀运动员校友联谊会成立

1. 地大（武汉）张锦高校长致欢迎词
2. 国家教委体卫艺司王龙龙处长宣读贺信
3. 地大赵鹏大院士致贺词

地大党委副书记丁振国向优秀运动员校友联谊会授旗

地大副校长邢相勤为优秀运动员校友联谊会领导成员颁发聘书

地大党委副书记傅安洲为优秀运动员校友联谊会领导成员颁发聘书

秘书长陈凤贤介绍校友联谊会筹备情况

校友联谊会会长李致新讲话

湖北省教育厅体卫艺处处长杨跃讲话

副会长毕晓东主持校友联谊会成立大会

副会长刘一新代表国外运动员讲话

高芸副秘书长宣读《地大优秀运动员校友联谊会章程》和理事会拟任名单

姚俊安教授代表教师讲话

优秀运动员代表陈武军讲话

副会长关进平宣读邓军校长的贺信

余心根教授代表当年的辅导员老师讲话

我校80年代教练老师

胡燕生　　　　　蔡道铿　　　　　熊慕侠　　　　　金连坤

彭红英　　　　　杨　跃　　　　　潘年丽　　　　　宋玉玲

张　军　　　　　董　范　　　　　陈良斌

冯国良　王　维　郭可跃
陈国安　温树朴　张雪琴
仲　禹　朱发荣　王春生

20世纪80年代初高水平运动员校友返校聚会在校门口合影

体育部原主任胡燕生,体育部现主任蔡楚元、副主任董范、副书记卢杰在体育部举行的欢迎宴上祝酒

80年代运动员校友会成立时师生留影

参加80年代运动员校友会成立时留影

 李致新(登山)
 王勇峰(登山)
 张志坚(登山)
 马欣祥(登山)
 付日勤(女篮)

 段晓青(女篮)
 邓军(男篮)
 佟璐(登山、田径)
 包德清(登山)
 陈凤贤(女篮)

 李琼(女篮)
 白爱民(女篮)
 陈陵(女篮)
 王苗玲(女篮)
 崔亚莉(女篮)

 温子瑛(女篮) 侯刚(男篮)
 王立新(男篮)
 刘素梅(女篮)
 张典柱(男篮)

李力跃（男篮）　　陈树正（男篮）　　毕晓东（男篮）　　刘链（男篮）　　马建刚（足球）

徐东（男篮）　　王建达（男篮）　　刘汉（男篮）　　徐军（男篮）　　孟大虎（足球）

李晓峰（足球）　　阴红兵（足球）　　刘起英（足球）　　李晓光（足球）　　庞文华（女排）

邱素珍（女排）　　鲁婷（女排）　　陈航（女排）　　徐嘉艺（女排）　　李萍（女篮）

孔冰（女排）　　王璟（女排）　　赵宝红（女排）　　李朝进（男排）　　李超（男排）

黄蓓（男排）　　范熙（男排）　　吕福德（男排）　　陈凯（男排）　　赵小江（男排）

关进平（男排）　　赵杰（男排）　　柯海山（男排）　　彭华（田径）　　曾金娥（田径）

石江萍（田径）　　李慧梅（田径）　　贾晓青（田径）　　朱惠民（田径）　　李军（田径）

 高芸(田径)
 贺谊(田径)
 崔献花(田径)
 史静(田径)

 穆可丽(田径)
 黄耀琴(田径)
 李玲霞(田径)
 裴芳(田径)

 庄小丽(田径)
 刘茜(田径)
 刘静(田径)
 郑曙(田径)

 余晓(田径)
 严春杰(田径)
 马光永(田径)
 刘金斗(田径)

毕克成（田径）

刘一新（田径）

邹胜龙（田径）

钟畅华（田径）

陈武军（田径）

周天苗（田径）

王晓民（田径）

顾雪来（游泳）

赵跃民（田径）

李健（田径）

穆剑（田径）

李青（游泳）

龙伟（游泳）

殷坤龙（游泳）

孙尚如（游泳）

张宁（游泳）

欢聚

母校

欢聚

母校

欢聚

母校

聚会花絮

聚会花絮

欢聚

聚会花絮

祝胡燕生教授八十华诞暨从事体育工作五十五年

聚 会 花 絮

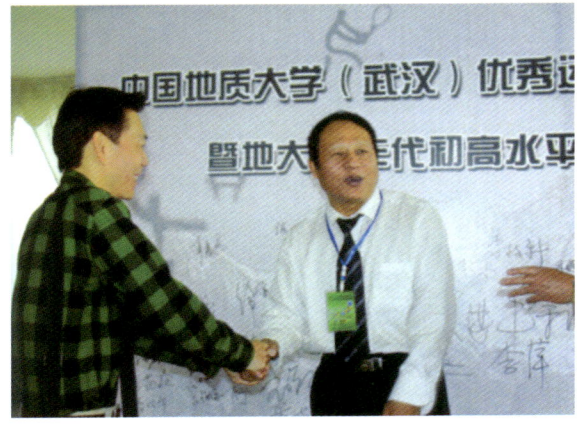

欢聚

聚会

花絮

体育部主任蔡楚元在体育馆向运动员校友介绍学校体育工作情况

校友运动员徐嘉艺准备试试攀岩

女排队员们抱着当年夺得首届全国大学生兴华杯比赛夺冠的奖杯

运动员在参观体验攀岩

中国地质大学(武汉)90年代优秀动员校友分会成立留念
第三排(从左至右):
李 伟 王旺生 金 翼 胡连军 杨 垦 吴 丹 程相莆 贺 健 王 伟 刘厚明 张红进 肖增光 卢焕金 杜 争 齐富超
邓世涛 刘亚非 罗新建 杨 汉 袁 沼 沈 涛
第二排(从左至右):
程良斌 沈仲德 李月明 姜 睿 王海花 何艾荣 田秋菊 陈 宏 鞠海英 商爱梅 雷春红 李志红 陈 燕 李 红 宋玉玲
邱 静 张 虹 潘年丽 姜 玲 杨环柳 卢 杰 吕本东 马彦周
第一排(从左至右):
蔡楚元 张 军 刘 锐 熊慕侠 张建国 关景大 杨 跃 丁振国 张锦高 孟庆金 傅安洲 胡燕生 陈安民 高 芸 郑 超
董 范 熊和平 刘 汉

20世纪90年代优秀运动员校友分会领导名单

顾问：胡燕生

常务副会长：卢杰

副 会 长：肖增光　吴丹　贺键　次洛　姜玲

常务副秘书长：马彦周

副秘书长：姜睿

 马彦周(田径)
 卢杰(田径)
 吴丹(田径)
 贺键(田径)

 肖增光(田径)
 次洛(登山)
 熊慕侠(教师)
 熊和平(教师)

 胡燕生(教师)
 金连坤(教师)
 熊昌进(教师)
 郑超(教师)

 宋玉玲(教师)
 欧英书(教师)
 张军(教师)
 杨汉(教师)

罗贝佳（羽毛球）　　　吕本东（田径）　　　张红进（田径）　　　卢焕金（田径）

刘厚明（田径）　　　李志红（田径）　　　李伟（田径）　　　李俊媛（游泳）

雷春红（田径）　　　鞠海英（田径）　　　金翼（篮球）　　　姜睿（田径）

姜玲（田径）　　　胡连军（田径）　　　张红（羽毛球）　　　何瑶（乒乓球）

 何艾荣（田径）
 冯婷（游泳）
 杜争（田径）
 邓世涛（田径）

 程相甫（足球）
 陈艳（田径）
 陈宏（田径）
 杨环柳（羽毛球）

 杨垦（足球）
 王伟（田径）
 沈涛（羽毛球）
 商爱梅（田径）

 邱静（田径）
 齐富超（田径）
 裴斐（游泳）
 张楠（篮球）

聚会花絮

美丽的大学时光,恰似流光溢彩的画卷,烙在我们的记忆深处,往事如梦温馨如昨,依然常驻心头。

JUHUIHUAXU

聚 会 花 絮

聚会花絮

时光流逝,偶尔回望,记忆里总有值得写下的人、事与情感。

欢乐

聚会花絮

——祝胡燕生教授八十华诞暨从事体育工作五十五年

青春的留言和记忆的碎片被我们拼凑成完整的画面贴进纪念册里，里面所有的画面是那样的美好，那时所记录下的一切，再一次掠过那一张张熟悉的面孔，似乎刚刚从昨天超过换日线，抵达今天。它能将我们的本色定格在历史的那一刻，它能定格我们每一瞬的美丽，刻录每一秒的欢乐，收藏每一份的真实，见证每一次的成长，铭记每一刻的感动。

聚 会 花 絮

聚会花絮

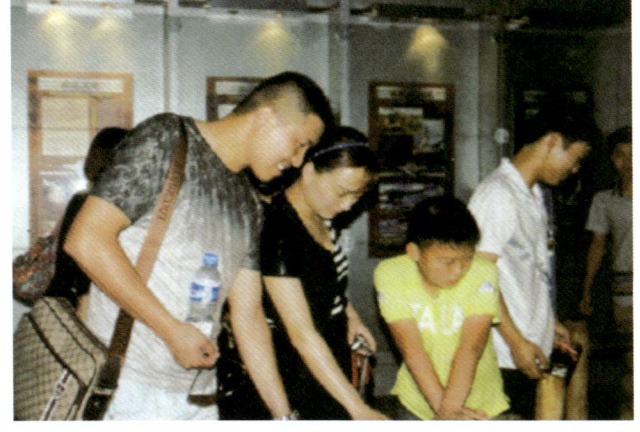

聚会花絮
JUHUIHUAXU

湖北省教育厅孟庆金副厅长致词　　　　　　　原地大校长张锦高讲话

省教育厅体卫艺处处长杨跃讲话　　　　　　　原地大党委副书记丁振国讲话

运动员代表何艾荣讲话

运动员校友分会副会长吴丹讲话

运动员校友分会副会长肖增光讲话

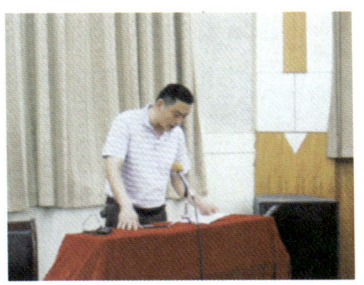
常务副秘书长马彦周作校友会筹备经过介绍

运动员校友会名誉会长原地大体育部主任胡燕生教授致词

80年代运动员校友会副会长高芸作校友会章程介绍

优秀运动员代表胡连军讲话

80年代运动员校友会副会长刘汉宣读贺信

教师代表熊和平教授讲话

春蚕一生没说过自诩的话，那吐出的银丝就是丈量生命价值的尺子。敬爱的老师，您从未在别人面前炫耀过，但那盛开的桃李，就是对您最高的评价。

90年代运动员校友分会领导成员接受颁发聘书后留影

傅安洲党委副书记向90年代优秀运动员校友分会领导成员颁发聘书

参加90年代优秀运动员校友分会成立大会的老教师代表

现地大体育部主任董范教授（右一）、曾任体育部主任郑超教授（右二）和曾任体育部副主任张军教授（右三）参加成立大会

90年代优秀运动员校友分会常务副会长卢杰在主持大会

观看新生代优秀运动员攀岩表演

　　流星,因为短暂而美丽,划过黑寂的夜空,释放出那一闪而逝的光芒,如同一个美丽的传说,究竟是否会像流星那样短暂,别人决定不了,上天也决定不了,只有自己来掌握。

　　给记忆留一方净土,将那宝贵的绝无仅有的记忆埋藏于内心的深处。多年以后,翻开泛黄的日记本,当你打开斑驳的心门,你会找出那尘封的记忆,它依旧光鲜亮丽,不时拿出来回忆一下,不失为一种美丽的享受。

聚会花絮
JUHUIHUAXU

参观新建成的攀岩馆

我校教职工1990年8月在衡阳探矿参加中南地区地质职工田径运动会获团体总分第一名

现任体育部主任董范在向运动员校友介绍体育部发展情况

聚会花絮
JUHUIHUAXU

湖北省高校对湖北大学高水平运动队评估后留影(2005年)

1965年北京地质学院田径队全能跳跃组的运动员与教练老师合影(2013年于北京)

我校田径队在参加湖北省大学生运动会夺冠后留影(后左三为领队凌敬昇教授)

1991年胡燕生与武汉体育学院院长钟添发,湖北省招办鄢明、省教育厅体卫艺处杨跃留影

胡燕生1995年访问美国时与80年代地院男篮运动员李力跃、陈树正合影留念

由胡燕生发起组织的中南地区地质职工乒乓球比赛地大教工男、女乒乓球队夺得团体冠军

竞技体育　成绩卓著

这一条透明的线，一端系着昨天的泪水与欢笑，一端又系着明天的成功与辉煌。

　　90年代的体育运动员为中国地质大学体育事业做过历史性的贡献，回顾竞技场上的辉煌成绩，以及那些令人难忘的历史瞬间，无一不使人为之振奋，为之喝彩。

中国地质大学文件

中地大字(1993)31号

―――――――――― ★ ――――――――――

中国地质大学关于授予王富州、王勇峰、李致新同志"优秀毕业生"称号的决定

王富州、王勇峰、李致新同志分别是我校1960年、1984年和1985年的毕业生。由于他们思想好、业务强、体魄壮，有较高的登山技能，毕业后即被国家体委吸收为国家登山队队员，并在登山运动中取得了突出成绩。

——1960年，王富州同志等三人在世界上首次从珠峰北坡登顶成功，并荣获运动健将称号和体育运动荣誉奖章，现任中国登山协会主席；

——1984年，李致新、王勇峰参加攀登阿尼玛卿峰，双双在II峰登顶成功；

——1985年，李致新、王勇峰和日本队员联合攀登海拔7694米的那木纳尼峰，在到达顶峰前的关键时刻，为抢救遇险的日本队员主动放弃登顶，荣立一等功，受到了当时的胡耀邦总书记、中曾根首相的接见和高度赞扬。

——1988年春，李致新、王勇峰参加了中、日、尼三国联合登跨珠峰活动。李致新在北侧登顶成功，荣获体育运动荣誉奖章并被授予国际运动健将称号；王勇峰在尼泊尔一侧登达海拔8050米高度。

——1988年冬，李致新、王勇峰参加中美联合登山队，在攀登南极州最高峰文森峰活动中，双双登顶成功。

——1992年，李致新、王勇峰参加中美联合登山队，在攀登北美州最高峰麦金利峰活动中，双双沿西壁登顶成功。

——1993年，王勇峰参加了海峡两岸登山队攀登珠峰活动并登顶成功，荣获体育运动荣誉奖章并被授予国际级运动健将称号。

为了表彰王富州、王勇峰、李致新同志为登山事业所作出的杰出贡献和为国家、学校赢得的巨大荣誉；弘扬"献身地质事业、勇攀地球科学高峰"的"地大人"精神；激励全校教职工和在校学生为学校的改革和发展作出更大贡献，决定授予王富州、王勇峰、李致新同志"优秀毕业生"称号！

特此决定

中国地质大学
一九九三年十月二十日

主题词：授予　称号　决定

抄报：地矿部办公厅、政治部、教育司

抄送：各办学实体

中国地质大学大学办公室　　　　一九九三年十月二十日制

共印30份

1993年中国地质大学(武汉)授予王富洲、李致新、王勇峰"优秀毕业生"称号。图为3人与赵鹏大校长、中国登山协会王凤桐、地质体育协会姚秉忠等合影

1982年第一届全国大学生运动会在北京召开,胡燕生作为湖北省大学生田径队的领队参加开幕式

1982年第一届全国大学生运动会湖北省代表团普通院校组地大全体运动员与湖北省教育厅领导、地大领导和全体教练员等合影

体育人生
——祝胡燕生教授八十华诞暨从事体育工作五十五年

1981年学校迁至武汉后,首次参加湖北省大学生田径运动会,夺得男子团体、女子团体、男女团体3个团体总分第一名。图为运动员与校领导合影

1965年北京市高校田径运动会在北京地质学院举行,地院代表队夺得男女团体总分第四名,创造了参加北京高校运动会的最好成绩,比赛结束后,以高元贵院长为首的全体校领导与运动员合影留念(二排左一为胡燕生,右一为熊慕侠)

1965年北京地质学院田径队全能、跳跃组全体运动员与教练员胡燕生(前排左一)、熊慕侠(右一)合影

1982年地大运动员在第一届全国大学生运动会上获得男子4×400米接力冠军

1982年第一届全国大学生运动会湖北省体育代表团合影

1982年在武汉地质学院举办的武汉地区高校运动会后时任湖北省教育厅厅长的邹时炎与地大部分运动员、教练员合影

20世纪80年代武汉地质学院四名女运动员连续夺得全国和湖北省高校运动会4×400米接力冠军,她们是左起李军、贾晓青、庄小丽、崔献花

20世纪80年代武汉地院中长跑运动员和教练员张军老师合影

1965年北京市高校第十届田径运动会在北京地质学院举行,田径队全能、跳跃组运动员、教练员合影(第一排中间是熊慕侠,第二排左一为胡燕生)

1981年在湖北省大学生田径运动会上我校获男子团体冠军。图为湖北省领导颁奖

20世纪80年代胡燕生与其培养的严春杰(右二)、陈长河(左二)两名优秀跳远和三级跳远运动员合影留念(后排左一为本画册题写书名的朱立教授)

1981年地大长跑队夺得武汉地区高校冬季越野跑团体冠军

2011年胡燕生在漳州与80年代地院排球队员柯海山、邱素珍留影

地大迁校前原北京地质学院田径队全能、跳跃组的运动员与当年的老师们合影（2003年）

1984年我校男子排球队在上海复旦大学参加的第二届全国大学生"兴华杯"比赛中获得第三名

1984年在上海复旦大学举行的第二届全国大学生"兴华杯"排球比赛期间，地院排球队领队党委副书记彭山（中）、复旦大学体育部主任初复之教授（右）、地院体育部主任胡燕生合影留念

1984年在上海复旦大学举行的第二届全国大学生"兴华杯"排球比赛中我校女排获得亚军

1981年地大游泳队参加武汉地区高校游泳比赛获男子团体总分第一名,女子团体总分第二名(前排左起第三人为本画册责任编辑胡珞兰,前排右一是优秀男队员龙伟)

1983年在中南地区地质职工首届篮球比赛中我校男女队双双夺冠

1. 在1982年湖北省高校运动会上我校优秀运动员段逸红、曾金娥两位运动员在200米比赛中分别获得冠亚军，右一为段逸红，右二为曾金娥

2. 胡珞兰在武汉地质学院1982年田径运动会上留影

3. 胡燕生与贺健同学在第四届全国大学生运动会后留影

4. 80年代地大优秀运动员、全国三好标兵刘一新与女排二传鲁婷毕业后结婚定居加拿大，这是他们的全家合影

5. 赵跃明同学1982年在全省高校运动会上夺得男子标枪比赛冠军

6. 1984年武汉地院组建的全国高校第一支毽球队，在广州参加全国毽球锦标赛，聘请武汉化工学院高章宁教授（右一）担任教练

1982年在北京参加第一届全国大学生运动会时胡燕生与全体运动员留影

2007年地大（武汉）副校长邢相勤在第八届全国大学生运动会上为我校游泳运动员夺得女子4×200米自由泳接力赛冠军后颁奖

1. 20世纪90年代地大优秀跳高运动员胡连军毕业后分配到公安部门工作，先后荣获联合国最高荣誉"和平勋章""中国维和警察荣誉章"并荣立公安部一等功

2. 2010年胡燕生与80年代我校铁饼运动员李凌霞在洛阳合影

3. 1980年武汉地院男子足球队夺得学校迁汉后首个球类项目比赛的冠军，二排左四为教练员陈国安老师，左五是领队凌敬昇老师

1976年学校迁汉后组队首次参加武汉地区高校运动会的运动员合影

1982年地院田径运动员郑曙（左图）、严春杰（右图）代表湖北省大学生参加第一届全国大学生运动会

20世纪80年代地院田径队投掷运动员与教练杨跃老师（二排左一）合影

80年代中长跑运动员贾晓青在比赛中

地院女子短跑运动员与教练张雪琴、熊慕侠合影

在20世纪80年代运动员校友会成立时,胡燕生与竞走运动员毕克成亲切交谈[毕克成现任中国地质大学(武汉)出版社社长]

1993年胡燕生与李致新(左)、王勇峰(右)合影

五 团结协作 互学互鉴

——祝胡燕生教授八十华诞暨从事体育工作五十五年

TUANJIE XIEZUO HUXUE HUJIAN

胡燕生老师在主持学校体育部工作期间，从学校发展全局和体育工作的实际需要出发，非常重视把学校的体育工作融于到全国和湖北省高校体育工作中，在与兄弟院校体育同行的广泛交流中注重互学互鉴、相互促进、取长补短，在担任全国大学生体育协会和湖北省高校体育协会、湖北省高校老年协会的工作期间，广交朋友，博采众长，注重信息沟通，促进共同发展，为武汉地区高校体育的改革与发展做出了很多积极的贡献。

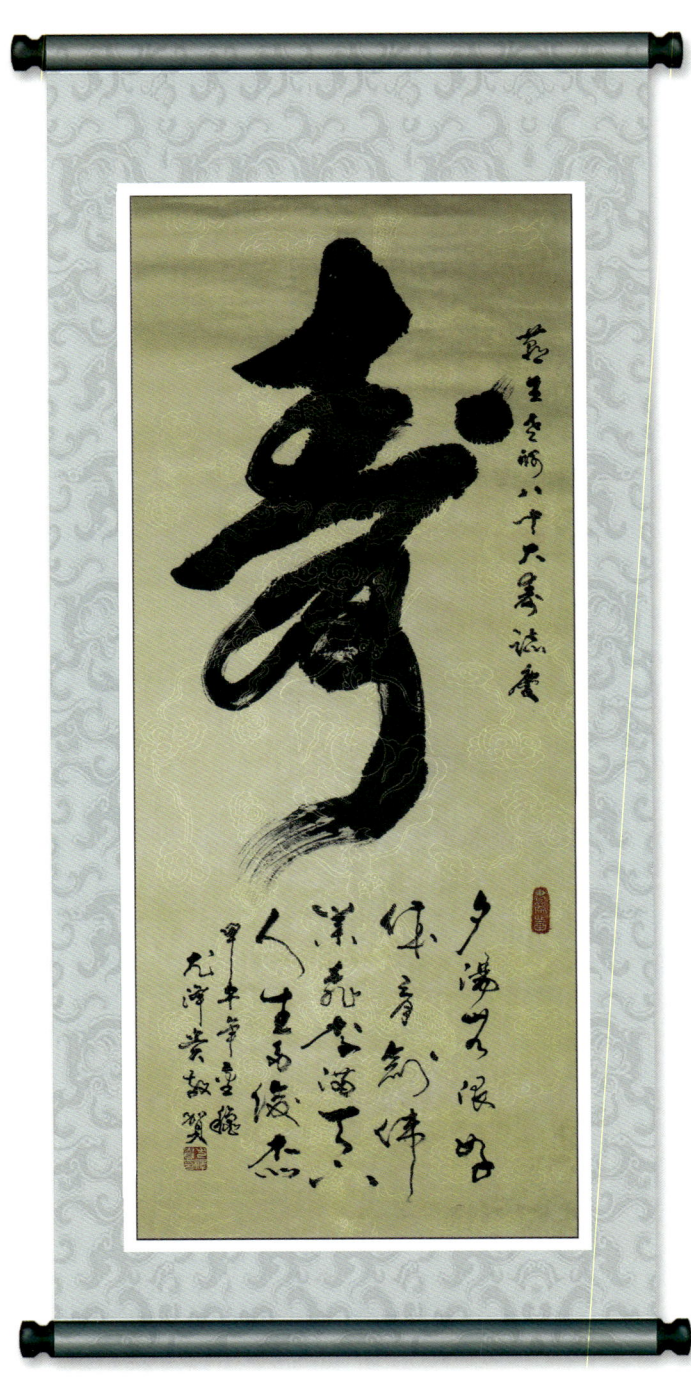

尤泽贵教授 曾任武汉科技大学党委书记、中国大学生篮球协会常务副会长、CUBA高级顾问、湖北省高校体育协会副会长。现任湖北省教育基金会副理事长、武汉科技大学城市学院董事会董事、湖北省高校老年协会副会长

步德寿 原华中师范大学体育部主任、湖北省高校体育协会竞赛部部长,全国高等师范院校体育协会理事长、现任名誉理事长

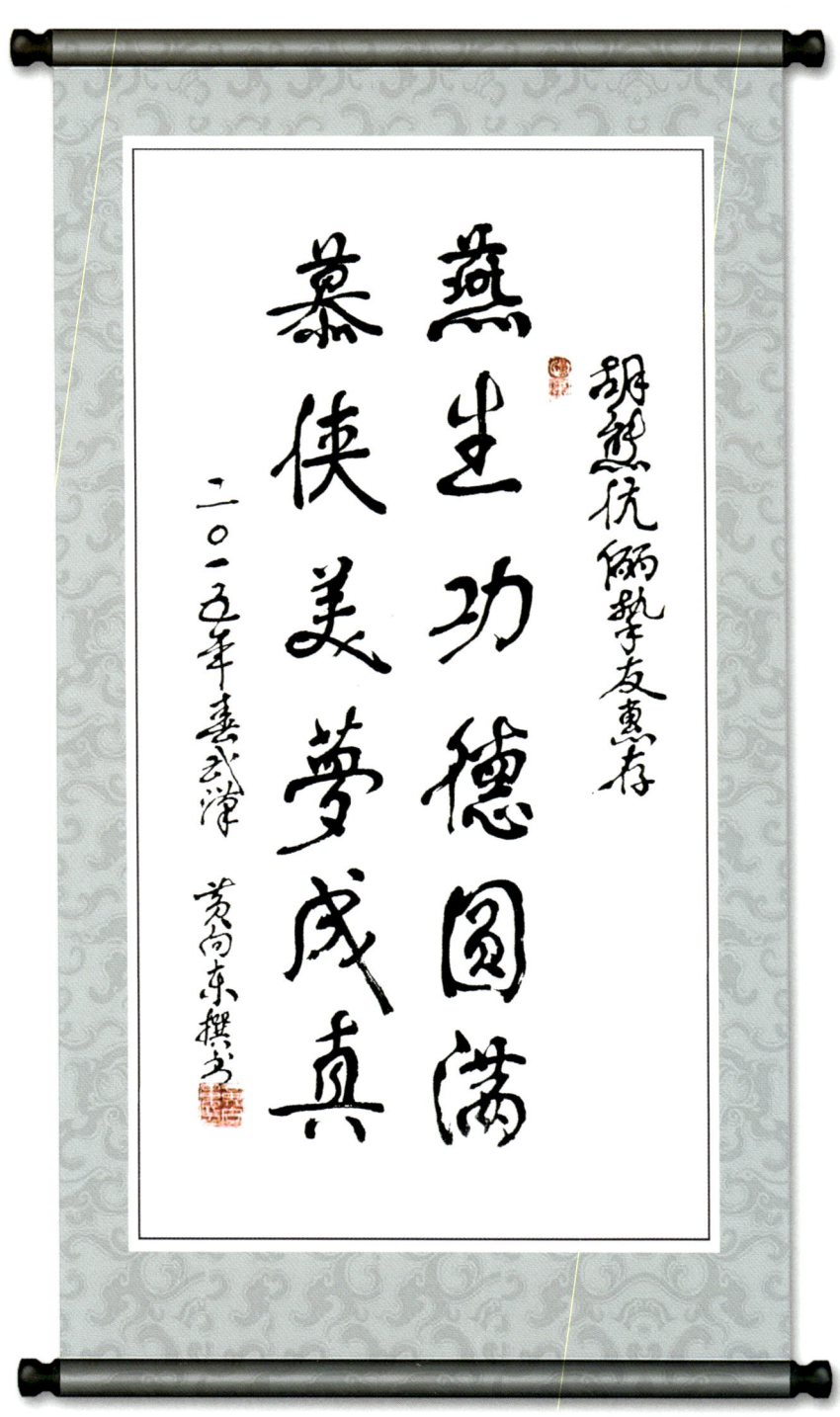

黄向东 原武汉体育学院教授，民盟湖北省委员会巡视员

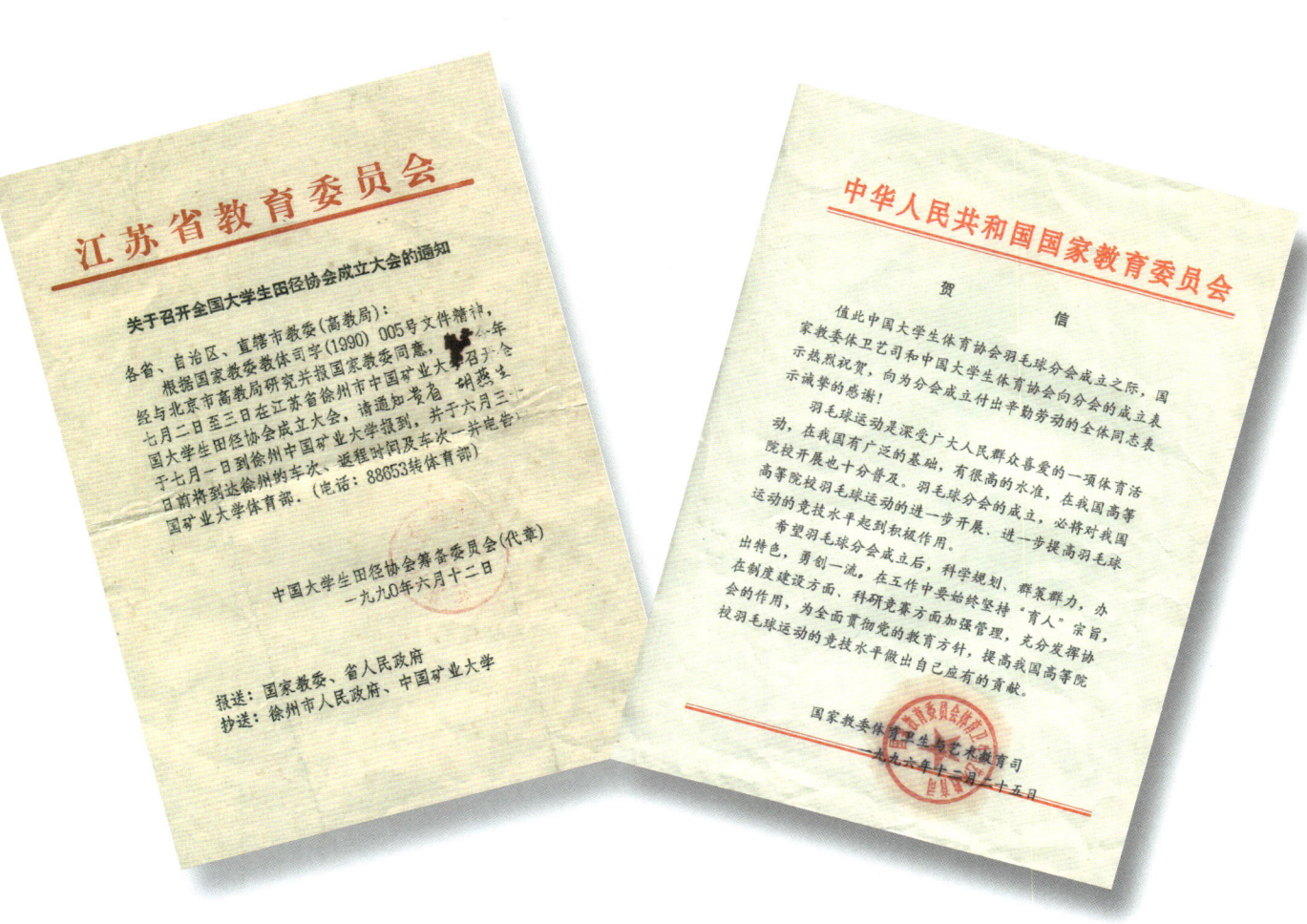

胡燕生教授当选为第一届中国大学生田径协会副主席并连任两届

祝胡燕生教授八十华诞暨从事体育工作五十五年

中国大学生田径协会第四届代表大会留念 2002.12.6

2001年在武汉召开中国大学生田径协会常委扩大会合影

祝胡燕生教授八十华诞暨从事体育工作五十五年

2006年中国大学生排球协会常务理事会合影

乔德美 现东中海教大学体育系主任、湖北省医科技术协会委员兼秘书长、全国高等医药院校体育协会理事长、湖北省名誉理事长。

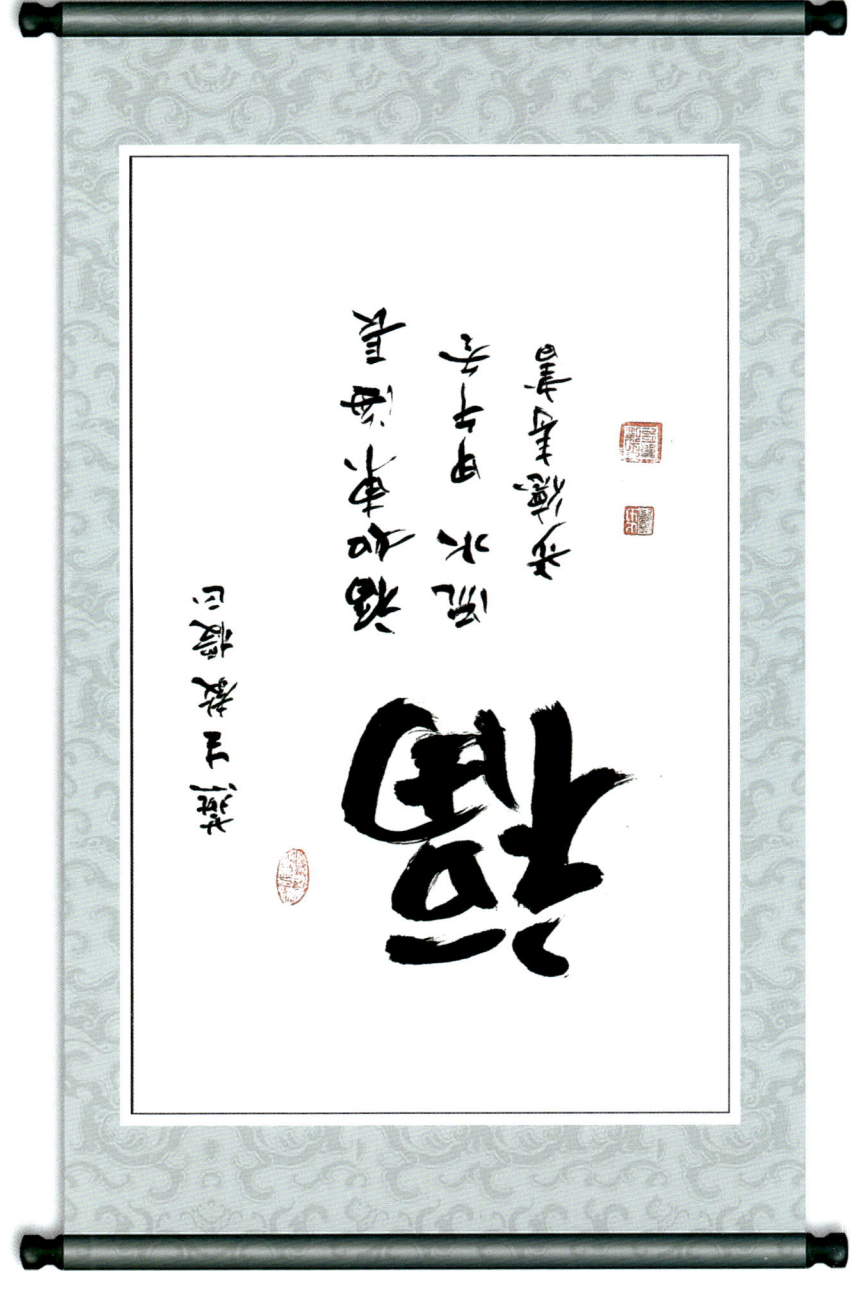

事向东 周志汉休养赠医院锦旗，民盟湖北委委员会监制自

中国大学生羽毛球协会一届二次会议合影留念 1997.2于同济大学

2001年7月20日在暨南大学召开的中国大学生羽毛球协会全体代表会后合影

1.2006年第九届世界大学生羽毛球锦标赛在地大（武汉）举行，部分中国大学生羽毛球协会的创始人参观比赛后留影

2.1992年在武汉举行的第四届全国大学生运动会期间，国家教委副主任邹时炎同志在地大接见湖北省高校体协的全体领导班子

邹时炎同志与湖北省高校体协及部分体育界同志座谈留念 1996.12.28 中国地质大学

1996年邹时炎同志与湖北省高校体协及体育界部分同志合影

2012年在地大(武汉)召开纪念第四届全国大学生运动会在武汉成功举行20周年座谈会,教育部大学生体育协会,广东、湖南等省体育协会和湖北省教育厅体卫处及担任大学生运动会各部门的负责人出席(前排右四为胡燕生)

体育人生 —— 祝胡燕生教授八十华诞暨从事体育工作五十五年

湖北省高等学校体育协会'96年会　1997.3.7. 中国地质大学

99'湖北省高校体协年会　2000.1.10 咸宁医学院

湖北省大学生体育协会会员代表大会暨换届会议合影 2002.3 武汉

——祝胡燕生教授八十华诞暨从事体育工作五十五年

湖北省普通高校第十四届体育科学论文报告会代表合影 1999年5月25日

1999年湖北省高校体协第十四届科学论文报告会在武汉大学举行

1997年湖北省高校举办首届青年教师基本功素质比赛合影(前排左三为胡燕生)

— 祝胡燕生教授八十华诞暨从事体育工作五十五年

2001年湖北省高校举办了第二届青年教师教学竞赛（前排左五为胡燕生）

中华人民共和国第七届大学生运动会"龙元·复旦杯"排球比赛全体裁判员合影留念

2004年胡燕生担任第七届全国大学生运动会的裁判工作（前排左五为胡燕生）

1983年湖北省高校体协的工作班子,由左向右为陈仲亨、胡燕生、周绍忠、李成义、张培杞、梁树宽、步德寿、李文斌

1992年4月湖北省承办第四届全国大学生运动会田径项目竞赛委员会去北京向中国大学生田径协会竞赛部汇报筹备工作情况

1.1978年10月湖北省高校体育界的老同事、好朋友定期的家庭聚会

2.胡燕生与湖北高校体协科研部长李成义、群体部长朱源宝1992年5月在宜昌调研

3.1993年湖北省高校体协会长、副会长、秘书长、副秘书长合影

1.田径竞赛委员会主任胡燕生教授在1992年第四届全国大学生运动会上与我国体育界田径运动专家大会仲裁委员会主任薛济英教授、副主任俞慕侃教授合影

2.1997年中国大学生田径协会秘书长中国矿业大学马中华与副主席胡燕生合影

3.1995年中国大学生田径协会竞赛工作会议在成都西南交通大学召开,图为部分领导人员的合影

1.2000年大学生排球协会常务副主席任景岩教授和副主席胡燕生教授与我国排球运动老前辈专家吴中亮教授、吴子樱教授合影

2.湖北省高校竞赛部部长步德寿、体协常务副秘书长胡燕生2000年与时任湖北省教育厅厅长路钢合影

3.2001年中国大学生羽毛球协会常委班子合影

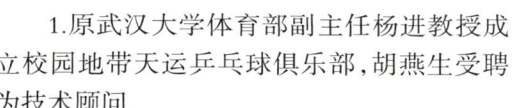

1. 原武汉大学体育部副主任杨进教授成立校园地带天运乒乓球俱乐部，胡燕生受聘为技术顾问

2. 2007年中国大学生羽毛球协会创始人之一广西大学原党委副书记韦俊雄、同济大学刘培俊教授与胡燕生合影

3. 2011年中国大学生排球协会北航的两任秘书长陈述先、刘国庆与副主席胡燕生合影

教育部直属综合大学体协2003年年会合影
武汉大学 2003.12.

2003年教育部直属综合大学生体育协会在武汉大学举行
（第一排右三为胡燧生）

六、退而不休 发挥余热

TUIER BUXIU FAHUI YURE

北京地质学院迁至武汉后，胡燕生老师在武汉从事体育工作长达40年。其中在校执教25年，退休后连任中国大学生排球协会副主席、中国大学生羽毛球协会顾问和湖北高校老年协会副主席兼文体部部长工作长达15年。这40年是他体育人生最活跃、最精彩的40年。

湖北省高校老年协会是全国各省市成立最早、坚持最好的协会之一，在胡燕生部长的带领下，老协文体部的同仁们同心协力、配合默契，把湖北省高校老年人的文体活动搞得有声有色，取得了显著成效，受到湖北省教育厅等有关主管部门的好评。

贺 老友燕生教授八十寿辰：

"老有所乐"求健康，　心身愉悦寿自长；
校园乐法千万种，　纷呈异彩君主张。

君为老友康寿求，　风雨奔波至耄寿；
乐此不疲在其中，　精神堪比孺子牛。

晏章万

甲午九月，读悦老友"寿在乐中求"，有感于燕生教授对湖北高校老年人体运动之贡献，而草于桂子山。

晏章万教授　华中师范大学原党委书记，现任湖北省高校老年协会会长高天紫气照长庚,喜庆仁兄八十迎。绕膝儿孙呈盛宴,知心朋友送欢声。体坛屹立常青树,学府丰存硕果名。桃李不言蹊径在,相期米寿到荼馨。

祝贺胡燕生先生八十大寿　松波作并书

余松波　武汉体育学院原副院长,现任湖北省高校老年协会副会长、湖北省书法家协会会员、湖北省诗词学会常务理事、浣花诗社社员

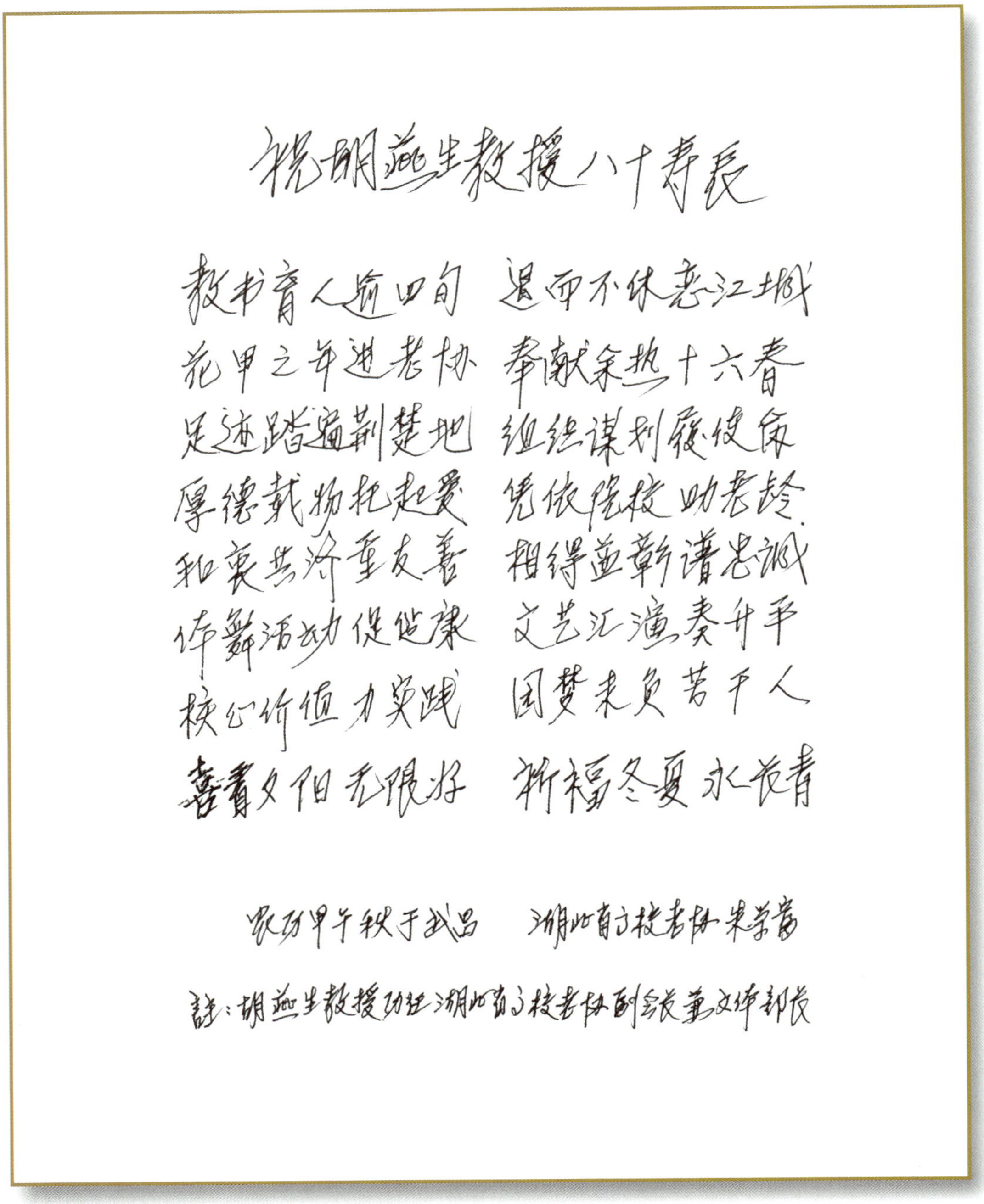

祝胡燕生教授八十寿辰

教书育人近四旬　　退而不休老江城
花甲之年进老协　　奉献余热十六春
足迹踏遍荆楚地　　组织谋划展俊彩
厚德载物托起爱　　凭依倚校助老龄
和衷共济重友善　　相得益彰谱忠诚
体舞活动促健康　　文艺汇演奏升平
校心价值力实践　　圆梦未负苦中人
喜看夕阳无限好　　祈福冬夏永长青

民玖甲午秋于武昌　　湖北省高校老协 朱学富

注：胡燕生教授曾任湖北省高校老协副会长兼文体部长

朱学富　武汉音乐学院原宣传部副部长，校工会常务副主席，现任湖北省高校老年协会副秘书长兼办公室主任

2005年湖北省高校老年协会领导班子合影[前排左四为会长梁淑芬（原湖北省副省长）]

2008年湖北省高校老年协会领导班子合影

2004年湖北省高校老年协会领导班子合影

2010年湖北省高校老年协会领导班子合影

2008年湖北省高校老年协会文体部各直属团队负责人合影

2013年湖北省高校老年协会文体部领导班子合影

庆祝"长征"胜利70周年省高校老协在中国地质大学(武汉)举办大型文艺演出后,原湖北省副省长、省高校老协会长梁淑芬同志与省高校老协、省教育厅离退工作处、地大离退休工作处有关负责同志一起留影

在湖北省高校老协成立文体部之前,1998年原省高校老年体协全体成员合影

2011年湖北省高校老协举办的老年人健身球培训班合影

2006年中国地质大学(武汉)离退休工作处为70岁老人集体祝寿合影(二排右五为胡燕生)

1. 2006年中国地质大学（武汉）离退休工作处处长、副处长、书记为胡燕生老师送上70岁生日蛋糕

2. 2014年中国地质大学（武汉）离退休老同志在北京的第三党支部为庆祝七·一表演合唱（三排右四为胡燕生）

3. 2000年邹时炎同志与原湖北省高校体协的老同志合影

4. 1997年原湖北省高校体协的老同事们家庭聚会（1997年）

③

④

1. 2004年中国地质大学(武汉)老年人乒乓球队参加湖北省高校老年乒乓球赛后留影
2. 2011年春节胡燕生夫妻到邹时炎同志家拜年
3. 2012年冬胡燕生夫妻在离汉回京前应原地大财务处长叶慧芳全家邀请去汉口武汉江滩公园留影

2009年湖北省高校老协文体部与老协办公室的同事合影

为地大(武汉)体育工作与俄罗斯进行相互交流做出贡献的汤凤林教授、田国斌教授，与胡燕生教授三家2001年在武汉留影

湖北省高等学校老年协会第五次会员代表大会 2005.3.10. 武汉大学

湖北省高等学校老年协会第四次会员代表大会合影　2001.5.18于武汉理工大学

1. 好朋友杜淑兰、罗先凤大夫和熊慕侠留影
2. 2011年地大（北京）老协组织春游时留影，左一为负责北京老同志工作的刘翔同志
3. 2011年胡燕生与湖北省高校老协会长晏章万教授在湖北恩施民族大学调研
4. 2005年湖北省高校老协文体部在武汉体育学院与承办单位共同研究高校老年"大众杯"网球比赛

1. 原北京地质学院老教师朱文华的爱人方子屏，离京42年后于2012年在北京地大校园与艾顺奉、杜玉秀、熊慕侠聚会
2. 《体育华章》主编之一胡轩魁（左一）、张桂珍、胡燕生、熊慕侠两家人2013年于地大（北京）合影
3. 20世纪50年代原北京地质学院的老运动员在他们拼搏过的运动场上留影

七 同行伴侣
幸福家庭

TONGXING BANLV XINGFU JIATING

胡燕生老师和熊慕侠老师,体育为媒,同行相伴,心心相印地走过了他们体育人生50年的金婚历程。教书育人,诲人不倦,桃李满天下;同心协力,群体竞技获丰收。为国家培养了人才,为学校体育争得了荣誉。祝二位老师阖家欢乐、健康长寿!

1. 1963年胡燕生与熊慕侠的结婚照
2. 2013年胡燕生教授与熊慕侠教授结婚50周年金婚全家福
3. 2015年1月3日胡燕生79岁生日全家留影
4. 2015年3月15日熊慕侠75岁生日与孙女合影

1940年胡燕生与父母全家合影（前排最小的三人中间一位是当年仅4岁的胡燕生）

1. 1964年春节胡燕生与熊慕侠的父母在徐州留影

2. 1967年胡燕生的大儿子100天时留影

3. 1975年胡燕生全家迁校离京来汉时与胡燕生80岁老父亲合影告别

4. 1996年胡燕生与熊慕侠母、姐、弟留影

❶

❹

❸

❷

217

体育人生
——祝胡燕生教授八十华诞暨从事体育工作五十五年

2002年胡燕生兄弟姐各家的一次大聚会

1.1995年胡燕生与兄弟姐8人在北京团聚合影

2.1988年胡燕生兄弟姐8人在北京团聚合影

2002年2月胡燕生与80岁的大哥、大嫂和70岁的三姐夫聚会时合影

1989年访问俄罗斯在莫斯科红场留影

胡燕生与90岁的大哥、大嫂留影

胡燕生与90岁的大姐留影

①

②

③

1. 胡燕生的大儿子胡洪滨与刘葆彤结婚照
2. 胡燕生的二儿子胡寅与胡丹结婚照
3. 2014年春节胡燕生、熊慕侠在北京颐和园留影
4. 1992年在武汉举行的第四届全国大学生运动会上胡燕生担任田径竞赛委员会主任，熊慕侠担任编排记录田径项目主裁判，大会结束后，他们夫妻两人留影
5. 2012年胡燕生、熊慕侠在与赵永芳（右二）在武汉参加中国地质大学60周年校庆活动后留影

2008年胡燕生、熊慕侠在北京举办奥运会的鸟巢观看田径项目的决赛

地大(武汉)回京的老同志老有所归,老有所乐。图为地大老年合唱团合影(一排左三为熊慕侠)

1. 1999年胡燕生被教育部、国家体育总局授予"全国学校体育、卫生工作先进个人"
2. 1988年全国地质职工首届田径运动会上，熊慕侠获女子100米跨栏第一名后，夫妻二人合影留念
3. 1996年胡燕生在法国
4. 1995年访美时胡燕生与三哥及其女儿留影
5. 1998年胡燕生在武汉体育学院参加高校老年人网球比赛
6. 1992年胡燕生在瑞典

八 致 谢 ZHIXIE

　　我是新中国培养的一代高校体育教育工作者,1961年大学毕业后分配到北京地质学院任职,在地大工作了一辈子,转眼迎来了80岁生日。回首往事,如歌岁月的体育人生令人感慨,回味无穷。

　　感谢学校运动员校友会创意捐资为我出版《体育人生》画册,记录我在地大辛勤耕耘、奋力拼搏的55年。特别令人难忘的是迁校后,在武汉从教40年工作与生活的难忘回忆,这是对我80岁生日最好、最珍贵的礼物,也是我一生中最难忘的纪念。

　　在此,我要感谢学校历届各级、各部门、各院系的领导和同志们在我任职期间的大力支持和帮助。

　　感谢体育部(原体育教研室)的历届领导班子成员和同仁们的支持和帮助。

　　感谢学校的老师们和有关部门关心体育工作的积极分子对学校体育活动的参与及热情的支持,特别是给予了出谋划策的帮助。

　　感谢为纪念建校60周年而出版《体育华章》画册及这次出版《体育人生》画册无私的支持与帮助的老师、同学和朋友。

　　感谢湖北省高校体育协会、湖北省高校老年协会和中国大学生羽毛球、田径、排球等协会的有关领导及同仁们对我的关心、支持和帮助。

　　感谢80年代、90年代及"文革"前原北京地质学院的部分运动员们积极策划《体育人生》画册出版。大家都不会忘记我们在运动场上一起训练、一起拼搏,共同享受竞技场上给我们带来的欢乐,一起走过的体育人生。

　　感谢朱立教授为《体育人生》再次题写书名。感谢胡轩魁、王暄堂、朱新国三位特邀编委以及现任体育部主任董范、党总支书记刘锐和湖北省高校老年协会副会长余松波的协助、策划,为画册的出版所付出的心血。

　　最后,特别要感谢各方面一直关心、支持和帮助我的领导、朋友、同事们为本画册题词做诗。

　　我珍惜人生,更珍惜人生路上相伴的朋友、同志、同学和同仁们,我永远不会忘记《体育人生》中记载的一幕幕让人难忘的回忆,它是我一生中最难忘的岁月,永恒的记忆,我将永远珍藏铭记。

胡燕生

2015年10月

出版《体育人生》画册运动员捐资赞助名单

按氏姓笔画排序：

于海燕	马建刚	马彦周	孔　冰	尹京武	王　璟	王立新	王兆生
王苗玲	王勇峰	王健达	王晓民	王益民	王雪芬	邓世涛	付日勤
卢　杰	史　静	史志华	田秋菊	边祥瑞	龙　伟	关进平	刘　汉
刘　链	刘　茜	刘丽萍	刘厚明	刘素梅	刘啟英	庄小丽	朱惠民
次　洛	毕克成	毕晓东	阴红兵	严春杰	余　晓	佟　璐	吴　丹
张　宁	张　萍	张志坚	张典柱	李　军	李　萍	李　超	李凌霞
李晓光	李海霞	李致新	李超进	杜　争	杨　莉	杨爱军	肖　霞
肖增光	辛永亮	邱素珍	陈　宏	陈　凯	陈　陵	陈凤贤	陈武军
周天苗	孟中毛	范　洁	郑　曙	姜　立	姜　玲	姜　睿	柯海山
柳黎明	段晓青	段逸红	胡连军	胡珞兰	贺　健	贺　谊	赵　杰
赵宝红	赵跃民	徐　东	徐　军	袁　伟	袁　沼	贾晓青	顾雪来
高　芸	商爱梅	崔亚莉	崔献花	曾金娥	雷春红	穆　剑	鞠海英

（未署名一人）共计97人